"十四五"职业教育国家规划教材

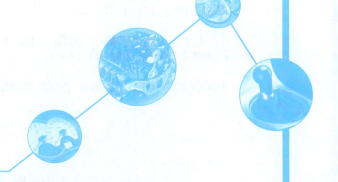

汽车
空调系统检修

附微课视频

杨智勇 常保利 / 主编

李帆 黄艳玲 李培军 / 副主编

人民邮电出版社

北 京

图书在版编目（CIP）数据

汽车空调系统检修：附微课视频 / 杨智勇，常保利
主编. -- 北京：人民邮电出版社，2018.12（2024.2重印）
汽车类职业技能培养"十三五"规划教材
ISBN 978-7-115-47979-2

Ⅰ．①汽… Ⅱ．①杨… ②常… Ⅲ．①汽车空调—检
修—职业教育—教材 Ⅳ．①U472.41

中国版本图书馆CIP数据核字(2018)第038454号

内 容 提 要

本书从实际应用出发，根据项目教学的要求，采用"项目引领、任务驱动"的模式编写。本书共分 6 个项目，内容包括汽车空调基础知识、汽车空调制冷系统、汽车自动空调系统、汽车空调的采暖与通风系统、汽车空调系统的维修、典型车型空调系统的结构与维修等。本书以国内、外中高档轿车空调系统为例，讲述了现代汽车空调系统的基本结构、工作原理及检修方法。

本书可作为高职高专院校汽车类相关专业的教材，也可作为汽车技术人员的培训教材和参考用书。

◆ 主　编　杨智勇　常保利
副主编　李　帆　黄艳玲　李培军
责任编辑　王丽美
责任印制　马振武

◆ 人民邮电出版社出版发行　北京市丰台区成寿寺路 11 号
邮编 100164　电子邮件 315@ptpress.com.cn
网址 http://www.ptpress.com.cn
北京天宇星印刷厂印刷

◆ 开本：787×1092　1/16
印张：11.5　　　　　2018 年 12 月第 1 版
字数：285 千字　　　2024 年 2 月北京第 6 次印刷

定价：39.80 元

读者服务热线：(010)81055256　印装质量热线：(010)81055316
反盗版热线：(010)81055315
广告经营许可证：京东市监广登字 20170147 号

编写背景

"汽车空调系统检修"是职业院校汽车检测与维修技术、汽车电子技术等专业的一门专业核心课程。为了适应新的职业教育模式的要求，使学生能够系统地学习汽车空调的知识与技能，并体现"做中学"和"基于工作过程"的教学理念，我们组织高职院校教师及企业专家编写了本书。

本书特色

1. 落实立德树人根本任务

贯彻党的二十大报告所提出的"育人的根本在于立德。全面贯彻党的教育方针，落实立德树人根本任务，培养德智体美劳全面发展的社会主义建设者和接班人"。本书精心设计，依据专业课程的特点融入素质培养要素，弘扬了精益求精的专业精神、职业精神和工匠精神，激发学生自信自强、守正创新、踔厉奋发、勇毅前行。

2. 项目引领，任务驱动

本书从实际应用出发，根据项目教学的要求，采用"项目引领，任务驱动"的模式编写。全书共6个项目，每个项目中将具体内容按照学习目标、项目引入、相关知识、项目实施的形式进行编排。为了满足职业教育教学的要求，顺应职业院校学生的认知习惯，本书在编写过程中，紧紧围绕汽车专业教育教学改革的要求，注重职业教育的特点，按技能型、应用型人才培养的模式进行设计构思。

3. 校企合作，双元开发，产教融合

本书由职业院校教师和企业专业技术人员共同开发，由教学经验丰富的教师执笔，企业提供真实项目案例。本书的理论知识与项目实践相结合，保证了教材的职业教育特色。

4. 课证融通，注重技能培养

本书在"1+X"课证融通相应的项目中选取学习任务，将知识和技能进行整合，突出体现了以知识为目标，以实践为载体，以技能培养为核心的特点。

5. 配套丰富的立体化教学资源

本书是一本体现"互联网＋教育"理念的教材。书中对重点知识配备了视频和动画，以二维码的形式插入书中，读者可通过手机等移动终端扫描观看。为了方便教学，本书提供了相应的教学资源，包括PPT课件、练习思考题答案、授课计划、课程标准等。

教学建议

本书的参考学时为32学时，其中实训环节为14学时，各项目的参考学时参见下面的学时分配表。

学时分配表

项目	课程内容	学时分配	
		讲授	实训
项目一	汽车空调基础知识	2	2
项目二	汽车空调制冷系统	4	2
项目三	汽车自动空调系统	2	2
项目四	汽车空调的采暖与通风系统	2	2
项目五	汽车空调系统的维修	4	4
项目六	典型车型空调系统的结构与维修	4	2
学时总计		18	14

　　本书由辽宁省交通高等专科学校杨智勇和陕西交通职业技术学院常保利任主编，陕西交通职业技术学院李帆、辽宁省交通高等专科学校黄艳玲和李培军任副主编，全书由杨智勇统稿。参加本书编写工作的还有辽宁省交通高等专科学校翟静、金艳秋等。

　　由于编者水平所限，书中难免有不妥之处，恳请使用本书的广大读者批评指正。

编　者
2023 年 5 月

目 录

汽车空调基础知识

（1）熟悉汽车空调的功能。
（2）熟悉热力学的基本知识。
（3）了解制冷剂和冷冻油的作用。
（4）熟悉汽车空调系统在车上的布置。
（5）培养学生良好的职业道德和较强的社会责任感，培养大国工匠精神。

文档

培养具有工匠精神的汽车人

□ 项目引入 □

一辆装配手动变速器的大众桑塔纳轿车，行驶里程约 6 万千米。驾驶员反映该车的空调系统制冷效果差。

该车的故障现象是汽车空调系统的典型故障。为了查明故障原因，正确地判断空调系统的故障，汽车维修人员必须全面认识空调系统，熟悉空调系统的功能、组成等相关基础知识。

□ 相关知识 □

一、汽车空调技术的发展

汽车空调技术的发展经历了由低级到高级、由单一功能到多功能的 5 个阶段，如表 1-1 所示。

表 1-1　　　　　　　　　　汽车空调技术的发展

序号	特点	说明
第一阶段	单一取暖	1925年，美国首先采用使汽车冷却液经过加热器来取暖的方法，到1927年出现了由加热器、鼓风机和空气滤清器组成的比较完整的供热系统。这种汽车供热系统直到1948年才在欧洲出现。而日本到1954年才开始在汽车上使用加热器取暖。目前，在寒冷的北欧、亚洲北部地区，汽车空调仍然使用单一供热系统
第二阶段	单一制冷	1939年，美国通用汽车帕克（Packard）公司首先在轿车上安装由机械制冷的空调器。这项技术由于第二次世界大战而停止了发展。战后的美国经济迅速发展，特别是因1950年美国石油产地的炎热天气，人们急需大量的冷气车，而使单一制冷的空调汽车得以迅速发展。欧洲、日本到1957年才有加装了这种单一制冷系统的轿车。在汽车上单一制冷的方法目前仍然在热带、亚热带地区使用

续表

序号	特点	说明
第三阶段	冷暖一体化	1954年，通用汽车公司首先在纳什（Nash）牌轿车上安装了冷暖一体化的空调器，汽车空调才基本上具有调节控制车内温度、湿度的功能。随着汽车空调技术的改进，目前的冷暖一体化空调基本上具有降温、除湿、通风、过滤、除霜等功能。这种方式目前仍然在大量的经济型汽车上使用，是目前使用量最大的一种形式
第四阶段	自动控制	冷暖一体化汽车空调需要人工操纵，这显然增加了驾驶员的工作量，同时控制质量也不大理想。自从冷暖一体化出现后，通用公司就着手研究自动控制的汽车空调（即自动空调），并于1964年首先安装在凯迪拉克（Cadillac）牌轿车上，紧接着福特、克莱斯勒等汽车公司竞相在各自的高级轿车上安装自动空调。日本、欧洲直到1972年才在高级轿车上安装自动空调
第五阶段	微机控制	1973年，美国通用汽车公司和日本五十铃汽车公司一起联合研究由微机（微型计算机）控制的汽车空调系统，1977年同时安装在各自的汽车上，将汽车空调技术推到了一个新的高度。微机控制的汽车空调系统由微机按照车内外的环境，实现微调化。该系统具备数字化显示、冷暖通风三位一体化、自我诊断、执行器自检、数据流传输等功能。通过微机控制，实现了空调运行与汽车运行的相关统一，极大地提高了制冷效果，节约了燃料，从而提高了汽车的整体性和舒适性

二、汽车空调的定义

汽车空调即车内空气调节装置，是指对车内空气的温度、湿度、流速及清洁度进行调节控制的装置。

汽车空调已成为现代汽车的标准配置。随着人们生活水平的提高，私家车得到了普及，人们对汽车舒适性的要求也越来越高，而汽车空调就是汽车舒适性的重要标志之一。

三、汽车空调的功能

舒适性是人对车内空气的温度、湿度、流速及清洁度等指标的综合感觉。汽车空调的基本功能是在任何气候条件下，将车内空气调整到对人体最适宜的状态，改善驾驶员和车内乘员的舒适性。因此，汽车空调的功能包括调节车内空气的温度、湿度、流速及清洁度等，具体内容如表 1-2 所示。

表 1-2　　　　　　　　　　　　　　汽车空调的功能

功能	说明
调节车内温度	车内温度是指车内空气的冷热程度。为给乘员创造适宜的车内温度环境，在寒冷的冬季，利用采暖装置提高车内的温度；而在炎热的夏季，则利用制冷装置来降低车内温度。 人感觉最舒适的温度是20～28℃。但应注意，车内外的温差不宜太大，否则也会使乘员感觉不舒适。为降低汽车空调系统的负荷，减少动力消耗，并为乘员创造一个适宜的温度环境，夏季一般应将车内温度控制在25～28℃，冬季应将车内温度控制在15～18℃；夏季车的内外温差宜保持在5～7℃，冬季车的内外温差也不宜过大，应保持在10～12℃，否则会使乘员感觉太冷或太热，下车易患感冒

续表

功能	说明
调节车内湿度	采用冷暖一体化空调器的汽车空调系统能对车内的湿度进行适量调节。人体感觉最舒适的相对湿度为30%~70%，车内湿度过小或过大会使乘员感觉干燥或闷热。车内湿度是指车内空气中所含水蒸气量的多少，所以汽车空调的湿度参数要求控制在30%~70%
调节车内空气清洁度	由于车内空间小，乘员密度大，车内极易出现缺氧和二氧化碳浓度过高的情况；发动机废气和道路上的粉尘等也会造成车内空气污浊，影响乘员的身体健康。因此，汽车空调装置上一般都设有进风门、排风门、空气过滤装置和空气净化装置。 一般应保证车内每位乘员所需的新鲜空气量为20~30m³/h，车内二氧化碳的体积浓度应保持在0.1%以下
调节车内空气流速	空气的流速和方向对人体舒适性影响很大。气流速度稍大，在夏季有利于人体散热，但冬季风速大了会影响人体保温，过大的风速直接吹到人体上也会感觉不舒服。车内空气流速以夏季不超过0.50m/s、冬季不超过0.35m/s为宜。 此外，根据人体生理特点，头部对冷比较敏感，脚部对热比较敏感。为此，汽车空调系统不仅可利用控制装置来调节车内空气流速，而且可通过对汽车空调冷、热出风口的合理布置，调节车内空气流向，夏季可让吹到乘员头部的冷风多一些，冬季可让吹到乘员脚部的暖风多一些

四、汽车空调的特点

与室内空调相比，汽车空调的主要特点如表1-3所示。

表1-3   汽车空调的特点

序号	内容	特点
1	汽车空调的动力	大多数汽车空调所需的动力均来自汽车发动机，如轿车、轻型汽车、中小型客车的空调均是如此。对于豪华大中型客车，由于所需制冷量大，一般采用专用的发动机驱动制冷压缩机。我们将用汽车发动机作动力源的汽车空调称为非独立式空调系统；将用专用发动机作动力源的汽车空调称为独立式空调系统。非独立式空调系统影响汽车的动力性和经济性，一般会使发动机的输出功率降低10%~12%，耗油量平均增加10%~20%
2	汽车空调的安装	汽车空调安装在常处于行驶状态的车辆上，承受着剧烈、频繁的振动和冲击，因此，部件连接处容易松动，冷凝器容易受损伤，易产生制冷剂泄漏故障
3	汽车空调的制冷、制热能力	汽车在特定工作环境要求空调的制冷、制热能力尽可能大，其原因如下所述。 (1) 夏天车内乘员密度大，产生的热量大，热负荷高；冬天人体所需要的热量也大。 (2) 为了减轻自重，汽车隔热层一般都很薄，加上汽车门多、面积大，所以汽车隔热性差，热损失多。 (3) 乘员乘车时，都希望在最短的时间里使车内达到舒适的温度环境。 (4) 汽车都在室外工作，直接经受太阳的热辐射、霜雪及风雨，环境恶劣，温度变化大。通常夏季车内温度特别高，而冬季车内温度又特别低

续表

序号	内容	特点
4	受发动机工况影响	由于汽车发动机工况变化频繁，制冷系统的制冷剂流量变化很大，对汽车空调的制冷效果有很大影响
5	受汽车本身结构影响	由于汽车本身结构紧凑，空间有限，因此，汽车空调各组成部分的安装位置局限性很大，零件的形状及安装位置因车而异，不同车型的空调系统零部件通用性差，同时，也给空调系统的检测与维修带来了不便
6	汽车空调的取暖方式	汽车空调的取暖方式与室内空调完全不同。非独立式汽车空调取暖，一般都是利用汽车发动机的冷却液；而独立式空调系统则采用燃油取暖装置

五、汽车空调系统的组成

汽车空调系统一般由制冷系统、采暖系统、通风系统、操纵控制系统（控制电路）及空气净化系统组成。

1. 制冷系统

（1）作用

制冷系统的作用是对车内或由外部进入车内的新鲜空气进行冷却和除湿，使车内空气变得凉爽、舒适。

（2）组成

制冷系统主要由空调压缩机、冷凝器、蒸发器、孔管或膨胀阀、储液干燥器、高低压管、鼓风机、控制电路等部分组成，如图 1-1 所示，各部分之间采用铜管（或铝管）与高压橡胶管连接成一个密闭系统。

视频

空调系统的组成

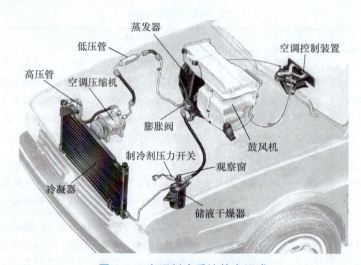

图 1-1 空调制冷系统基本组成

2. 采暖系统

（1）作用

采暖系统的作用是对车内或由外部进入车内的新鲜空气进行加热，达到取暖和除霜的目的。

（2）组成

采暖系统是由加热器、热水阀、水管、发动机冷却液等组成的，如图 1-2 所示。

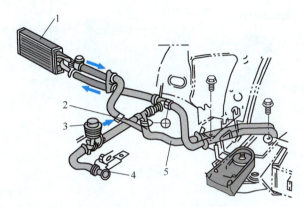

图 1-2　采暖系统的组成

1—加热器；2—发动机进水管；3—热水阀；4—发动机出水管；5—预热管

3. 通风系统

（1）作用

通风系统的作用是将车外的新鲜空气引入车内，达到通风和换气的目的。

（2）组成

通风系统用于控制驾驶室内冷、热风的流动方向，还可以保证新鲜空气不断地进入车内，使车内污浊的空气排到车外。

通风系统一般由进气模式风门、鼓风机、混合气模式风门、气流模式风门、导风管、出风口等组成。车内或车外未经调节的空气，经鼓风机作用送至蒸发器或热交换器（暖风加热器芯）处，被调节成冷空气或暖空气的空气流，根据风门模式伺服电动机控制风门开启角度而流向相应的出风口，如图 1-3 和图 1-4 所示。一些车型在驾驶室内的后排也有通风口。

视频

空调装置通风系统
操纵机构

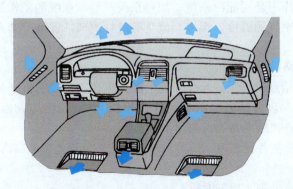

图 1-3　通风系统的风门布置

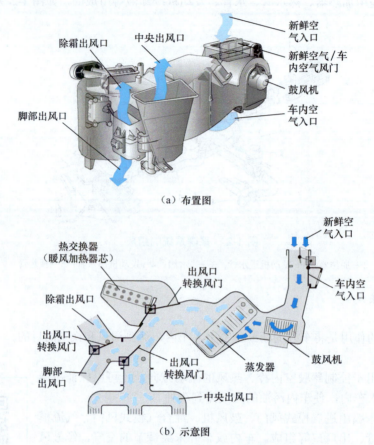

（a）布置图

图中标注：除霜出风口、中央出风口、新鲜空气入口、新鲜空气/车内空气风门、鼓风机、车内空气入口、脚部出风口

热交换器（暖风加热器芯）、出风口转换风门、除霜出风口、出风口转换风门、脚部出风口、出风口转换风门、中央出风口、蒸发器、鼓风机、新鲜空气入口、车内空气入口

（b）示意图

图 1-4　通风系统的出风口布置

4. 操纵控制系统

（1）作用

操纵控制系统的作用是对制冷系统、加热系统及通风系统的工作进行控制，同时对车内空气的温度、湿度、流量等进行调节，保证空调系统正常工作。

（2）空调控制电路

空调控制电路包括点火开关、A/C 开关、电磁离合器、鼓风机开关及调速电阻器、各种温度传感器、制冷剂高低压力开关、温度控制器、送风模式控制装置、各种继电器等，如图 1-5 所示。

控制电路主要是根据各种温度、压力、转速等信号，通过电磁离合器控制空调压缩机的工作。

（3）空调系统操作机构（控制面板）

① 手动空调系统操作机构。手动空调系统操作机构如图 1-6 所示，功能如表 1-4 所示。

视频

汽车空调的操纵控制系统

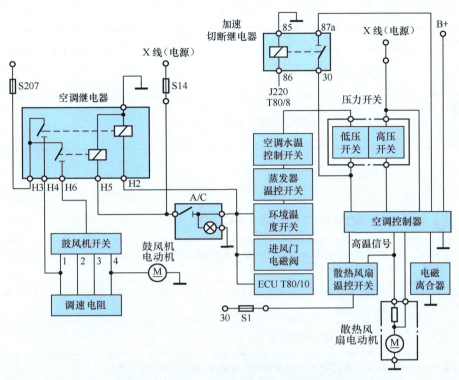

图1-5 典型（大众）轿车空调控制电路

A/C—空调开关；S1、S14、S207—熔丝；J220—发动机控制单元（ECU）

图1-6 手动空调系统操作机构（迈腾轿车）

1—温度旋钮；2—鼓风机旋钮；3—空气分配旋钮

表1-4 手动空调系统操作机构的功能

标志	功能
（除霜图标）	开启除霜功能。空气直接吹向风窗玻璃，自动关闭空气内循环运转模式，并提高鼓风机速挡，快速去除风窗玻璃上的霜和雾气。需开启除湿功能时制冷系统自动开启
（吹上身图标）	空气通过仪表板上的出风口吹向乘员上身空间
（吹上身和脚部图标）	空气吹向乘员上身和脚部空间

续表

标志	功能
	空气吹向乘员脚部空间
	空气吹向风窗玻璃和乘员脚部空间
	座椅加热器按钮
A/C	按压该按钮即可开启或关闭空调制冷系统
MAXA/C	将调节旋钮拧至MAXA/C位置，系统即输出最大制冷功率，空气内循环运转模式和制冷系统自动开启
	开启后窗加热器：发动机运转时按压该按钮，后窗加热器方能起作用，约工作10min后加热器自动关闭
	开启空气内循环运转模式
OFF	按压按钮 OFF 或将鼓风机调节旋钮拧至0挡，关闭空调系统

② 自动空调系统操作机构。自动空调系统操作机构如图1-7所示。功能如表1-5所示。

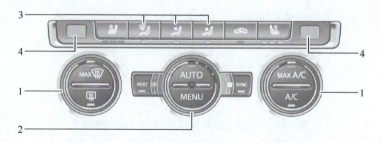

图 1-7　自动空调系统操作机构（迈腾轿车）

1—温度旋钮；2—鼓风机旋钮；3—空气分配旋钮；4—显示设定的车厢内温度

表 1-5　　　　　　　　　　　　　自动空调系统操作机构的功能

标志	功能
MAX	开启除霜功能。系统将自车外吸入的空气直接吹向风窗玻璃，同时，空气内循环运转模式自动关闭。温度高于3℃时，为快速去除风窗玻璃上的雾气，降低空气湿度，系统将鼓风机转速提高至最高挡
	空气通过仪表板上的出风口吹向乘员上身空间

标志	功能
↓	空气吹向乘员脚部空间
↓	空气吹向风窗玻璃
↑↑↑	开启后窗加热器：发动机运转时按压该按钮，后窗加热器方能起作用，约工作10min后加热器自动关闭
🚗	开启空气内循环运转模式
座椅加热	座椅加热器按钮
或 座椅加热通风	座椅加热和座椅通风按钮
A/C	按压该按钮即可开启或关闭空调制冷系统
MAXA/C	按压该按钮系统即输出最大制冷功率，空气内循环运转模式和制冷系统自动开启，并自动控制空气分配方向
SYNC	同步调节驾驶员侧和前后排乘员侧的温度。如 SYNC 按钮里的指示灯点亮，则设定的驾驶员侧的温度也适用于前后排乘员侧。按压该按钮或操作前排乘员侧温度调节旋钮设定前排乘员侧的温度，则车内左右两侧的温度可分别调节，此时按钮里的指示灯不会点亮
AUTO	系统自动控制温度、鼓风机转速和空气分配。按压该按钮即可开启该功能， AUTO 按钮里的指示灯点亮
MENU	信息娱乐系统里的空调系统显示及设置按钮
REST	开启和关闭余热功能。在发动机处于热态且点火开关已关闭的情况下，可利用发动机的余热为车内保温。在30min后或轿车蓄电池电量较低时，该功能断开
—	将鼓风机调节旋钮左旋到头或通过信息娱乐系统关闭空调系统

5. 空气净化系统

（1）作用

空气净化系统的作用是对车内空气中的尘埃、臭味、烟气等进行过滤，保证车内空气清洁。

（2）组成

高级轿车装备有炭罐、空气滤清器和静电除尘式净化器等一套较完整的空气净化系统，但在普通型轿车中，空气净化的任务则由蒸发器直接完成。

六、热力学基础知识

1. 温度

温度是物质冷热程度的量度，其大小反映物质内部分子无规则热运动的程度。物质的温度只是表示热的程度而不是热的量。温度的高低程度可用温度计来测量，测量温度的标尺称为温标。工程上常用的温标有摄氏温标、华氏温标和热力学温标 3 种，如表 1-6 所示。

表 1-6   工程上常用的温标

常用的温标	说明
摄氏温标	将一个标准大气压（101.325kPa）下冰的熔点定为0℃，水的沸点定为100℃，两者之间均分为100等份，每等份为摄氏一度，表示为1℃，用符号t表示，单位为℃
华氏温标	将一个标准大气压下冰的熔点定为32℉，水的沸点定为212℉，两者之间均分为180等份，每等份为华氏一度，表示为1℉，用符号F表示，单位为℉
热力学温标	热力学温标又称为绝对温标或开氏温标，用符号T表示，单位为K。这个温标所定义的热力学温度以绝对零度（-273.15℃）为基准

3 种温标的关系如下：

$$\frac{t}{℃} = \frac{5}{9}\left(\frac{F}{℉} - 32\right)$$

$$\frac{T}{K} = \frac{5}{9}\left(\frac{F}{℉} + 459.67\right)$$

$$\frac{t}{℃} = \frac{T}{K} - 273.15$$

2. 湿度

我们日常生活中的空气是由干空气和水蒸气组成的混合体，该混合体称为湿空气，习惯上把湿空气称为"空气"。这是由于我们居住的地球表面大部分都是海洋、湖泊和江河，每时每刻都有大量的水分蒸发到大气中去，使大气成为干空气和水蒸气的混合体。

（1）绝对湿度

湿度用来表示空气的干燥程度。1m³ 湿空气中所含水蒸气的质量，叫空气的绝对湿度，用 r_W 表示。绝对湿度只能说明湿空气在某一温度下实际所含水蒸气的质量，但不能说明湿空气的吸湿能力。因此，采用湿空气的相对湿度来说明空气的潮湿程度，或说明空气接近饱和的程度。

（2）相对湿度

相对湿度就是湿空气中实际所含的水蒸气量与同温度下饱和湿空气所含的水蒸气量的比值，用 ψ 表示，即

$$\psi = \frac{r_W}{r_S} = \frac{p_W}{p_S}$$

式中：r_W——空气的绝对湿度；

      r_S——饱和湿空气的绝对湿度；

      p_W——空气中水蒸气的分压力；

      p_S——饱和湿空气中水蒸气的分压力。

ψ 值越小，表示湿空气离饱和状态越远，空气越干燥，还能吸收更多的水分；反之，若

ψ 值越大，则表示空气越潮湿，吸收水分的能力越差。当 $\psi=0$ 时，则为干空气；当 $\psi=100\%$ 时，则为饱和空气，再也不能吸收水分了。相对湿度是检验空调效果好坏的重要参数之一。

提示

湿空气在状态变化过程中，由于水分蒸发，水蒸气凝结，其体积和质量会发生变化。即使湿空气中的水蒸气含量不变，由于温度变化，其体积也跟着变化，故绝对湿度也将发生变化。

3. 压力与真空度

物体单位表面积上所受的垂直作用力称为压力，物理学上称为压强，常用 p 表示，在国际单位制中压力的单位为 N/m^2，也称为帕斯卡，简称帕（Pa）。

地球表面包围着一层很厚的空气层，我们称它为大气层，大气层对地球表面物体单位面积上所产生的压力称为大气压力（简称大气压）。我们把在地球纬度45°、温度为0℃时，大气对海平面的压力称为标准大气压，它相当于 101.325kPa。

在工程上有时采用 kgf/cm^2 作为压力单位，亦称为工程大气压。英、美等国则采用 lb/in^2 作为工程上的压力单位。

提示

几种压力单位的换算关系如下：

$1kgf/cm^2=14.22lb/in^2$

$1Pa=1.02\times10^{-5}kgf/cm^2$

$1lb/in^2=0.07kgf/cm^2$

$1kPa=10^3Pa$

$1MPa=10^6Pa$

4. 汽化与冷凝

（1）汽化

物质由液态变为气态的过程称为汽化。汽化过程为吸热过程。1kg 液体转变为气体需要的热量（单位为 J 或 kJ），称为该物质的汽化热。不同的物质有不同的汽化热。

汽化过程有两种形式，即蒸发和沸腾。虽然这两种情况都是物质由液态变成气态的过程，但是两者是有区别的。一般说来，蒸发在任何压力、任何温度情况下都随时进行着，而且只发生在液体表面。而沸腾是在一定压力下，只有温度达到与此压力相对应的温度时才能发生，而且从液体内部产生大量蒸气，沸腾时的温度称为沸点。

在空调制冷系统中，制冷过程主要是利用制冷剂在蒸发器内不断吸收周围空气的热量进行汽化的过程。制冷时制冷剂在蒸发器中通常是以沸腾的方式进行的，但习惯上称为蒸发过程，并把沸腾时的温度称为蒸发温度，沸腾时所保持的压力称为蒸发压力。

（2）冷凝

物质由气态转变为液态的过程称为冷凝。冷凝过程一般为放热过程。

在汽车空调制冷系统中，制冷剂在冷凝器中由气态变成液态的过程就是一个冷凝过程。制冷剂在冷凝器中由气态变为液态时的温度称为冷凝温度。在冷凝过程中释放出的热量由冷却空气带走。

5. 饱和温度与饱和压力

如果对制冷剂加热，则其中的一部分液体就会变成蒸气；反之，如果制冷剂放出热量，则其中的一部分蒸气又会变成液体（温度不变）。在这种制冷剂处于液体和蒸气共存的状态时，液体和蒸气是可以彼此转换的。处于这种状态的制冷剂蒸气称为饱和蒸气，这种状态下的制冷剂液体称为饱和液体。饱和蒸气的温度称为饱和温度；饱和蒸气的压力称为饱和压力。

通常所说的沸点都是指液体在一个大气压下的饱和温度。对于不同的液体，在同一压力下，它的饱和温度是不同的。不同液体在一个标准大气压下的沸点如表1-7所示。

表1-7 不同液体在一个标准大气压下的沸点

液体名称	沸点 / ℃	液体名称	沸点 / ℃
水	100	R22	-40.8
酒精	78	R134a	-26.15
R12	-29.8	R142b	-9.25
氨	-33.4	R123	27.61

6. 热的传递

热从一处传递到另一处的现象称为热的传递。热的传递方法有传导、对流及辐射3种，具体特点如表1-8所示。

表1-8 热的传递方法

传递方法	特点
热的传导	凡热由高温处经物体内部逐渐传至低温处的现象称为热的传导，如手握冰块，体温将冰块熔化则为热的传导，热的传导也称为导热
热的对流	液体或气体因其一部分受热时，体积膨胀，密度减小，其四周冷的部分将补充其位置。由热源引起流体的流动，把热量从一处传到另一处的现象称为热对流。对流只能在液体或气体之间进行，热量传递是靠流体本身的流动而进行的。如在火炉上烧水，壶底的水受热上升而上方的冷水下沉产生对流的作用，直至整壶水都沸腾为止
热的辐射	热不依赖其他物质为媒介而产生热的传递现象称为热的辐射，如面对高温的固体表面或火焰会感觉到热；太阳的热传到地球是一种典型的热辐射。热辐射与电磁波一样可以在真空中传播

7. 显热与潜热

物体受热，温度就会上升，温度上升到一定程度物体状态就会发生变化。冰加热后融化成水（固体→液体）；水加热，温度上升到100℃开始沸腾汽化（液体→气体），这时即使继续加热，温度也不再升高。

物质在吸热过程中只发生温度变化而不发生形态变化，这一过程所吸收的热量称为显热；物质在吸热过程中只发生形态变化而不发生温度变化，这一过程所吸收的热量称为潜热。

8．制冷能力与制冷负荷

（1）制冷能力

制冷机就是把热量不断地从低温物体转移给高温物体的装置。制冷能力的大小是以单位时间内所能转移的热量来表示的，单位为 J/h。

（2）制冷负荷

为了把汽车内部的温度和湿度保持在一定的范围内，必须将来自车外太阳的辐射热和车内的热量排到大气中去。这两种热量的总和称为制冷负荷。

由于汽车制冷负荷受到车身形状及外界大气温度、湿度、车速等客观条件和乘员数量的影响，因此，汽车空调系统的制冷负荷较大。

9．热力学基础知识在汽车空调制冷系统中的应用

（1）汽车空调压缩机将制冷剂压缩，升高制冷剂压力，使其达到饱和蒸气温度，并进入冷凝器进行降温液化。

（2）在冷凝器中，冷凝器风扇将制冷剂降温，使制冷剂温度达到饱和蒸气温度以下而液化，放出大量的液化潜热，并排入大气中。

（3）制冷剂经管道和干燥器，进入膨胀阀，膨胀阀将制冷剂节流降压，使制冷剂达到饱和蒸气压力，并进入蒸发器进行汽化。

（4）汽化的制冷剂在蒸发器中吸收大量的汽化潜热，将蒸发器周围的空气温度降低，低温空气在鼓风机的作用下，循环流入驾驶室，以降低驾驶室的空气温度。

（5）同时，蒸发器外表面温度降低，当低于空气中水蒸气的饱和蒸气温度时，水蒸气液化成水排出驾驶室，使驾驶室湿度降低，达到除湿效果。

七、制冷剂

1．制冷剂的定义

在制冷系统中，用于转换热量并且循环流动的物质称为制冷剂，罐装和钢瓶装制冷剂如图 1-8 所示。

2．制冷剂的循环

汽车空调制冷系统是利用压缩机使制冷剂循环流动实现制冷的。液态制冷剂在蒸发器中吸取热量而汽化，使蒸发器表面得到降温；然后，制冷剂又在高温下把热量传给冷却空气而冷凝成液体。如此不断循环，借助于制冷剂的状态变化，达到制冷的目的。

3．制冷剂的类型

制冷剂的种类很多，理论上只要能进行气液两相转换的物质，均可作为制冷系统的制冷剂。目前汽车空调制冷系统使用的制冷剂，通常有 R12 和 R134a 两种，其中，

（a）制冷剂罐　　　（b）制冷剂钢瓶

图 1-8　制冷剂

英文字母 R 是 Refrigerant（制冷剂）的简称，其数字代号使用的是美国采暖、制冷与空调工程师协会（ASHRAE）编制的代号系统。

目前，能开发出符合制冷效率高且对环境没有污染要求的制冷剂很困难，现在使用的制冷剂 R134a 只是 R12 的替代品，其排放物产生的温室效应仍然对环境有较大的危害。

4. 制冷剂的特性

（1）R12 制冷剂的特性

车用空调中曾广泛使用 R12 制冷剂，分子式为 Cl_2CF_2，化学名称为二氯二氟甲烷。R12 是一种易于制造、原料来源丰富、价格相对低廉且可以回收重复使用的制冷剂。只是它对大气臭氧层有很强的破坏作用，危害人类的健康和生存环境，引起地球的温室效应，因此，已经被制冷剂 R134a 所替代。但目前还有少部分 2000 年以前生产的在用车辆，其空调系统的制冷剂仍为 R12。

（2）R134a 制冷剂的特性

我国于 1996 年起，开始使用 R134a 作为汽车空调的制冷剂，到 2000 年全部使用 R134a。

R134a 制冷剂的分子式为 CH_2FCF_3，是卤代烃类制冷剂中的一种，R134a 制冷剂与 R12 制冷剂相比，其相对分子质量、沸点、临界参数、饱和蒸气压和汽化潜热等，均与 R12 相近，具有无色、无臭、不燃烧、不爆炸、基本无毒的特性。

（3）R134a 空调系统与 R12 空调系统的区别

提示

采用制冷剂 R134a 的汽车空调制冷系统在结构与材料方面，与 R12 空调系统有很大的区别，两种制冷系统中的制冷剂是不能互换使用的。这一点，汽车维修人员必须牢记，否则，如果将 R134a 注入 R12 制冷系统，将会出现空调压缩机工作不正常或制冷剂泄漏等故障。

R134a 空调系统与 R12 空调系统的区别如表 1-9 所示。

表 1-9　　　　　　　　　　R134a 空调系统与 R12 空调系统的区别

R12空调系统	R134a空调系统
R12系统的冷冻油不能溶于R134a。如果将R134a注入R12空调系统，将会发生液击现象，从而损坏空调压缩机	R134a本身与矿物油是不相溶的，R134a系统使用的是合成润滑油，如PAG类润滑油等
R12系统的管道O形密封圈及压缩机的密封圈采用的是NBR（丁腈橡胶）材料	R134a能溶解NBR材料，如果将R134a注入R12系统，制冷系统将发生制冷剂泄漏现象
R12系统中的干燥剂是硅胶	R134a的极性与水相似，如果将R134a注入R12系统中，干燥剂会将水与R134a一起吸入，从而造成干燥剂吸水能力大幅度下降，容易发生冰堵现象。而在R134a系统中，干燥剂的材料是沸石，它不吸收R134a，只吸收水分

续表

R12空调系统	R134a空调系统
大负荷时，R12系统的压力比R134a系统的压力低	大负荷时，R134a系统的压力比R12系统的压力高。这样R134a系统的压缩机的功率大。两种系统的压力控制参数不同
R12系统的维修阀一般不是快速接头	R134a系统的维修阀采用的是快速接头，以方便维修操作。同时，汽车机舱内有明显的标识，用来提醒汽车维修人员该车制冷系统所采用制冷剂的种类
在R12系统中，设置有易熔塞，当制冷剂的温度上升到规定值时，易熔塞熔化，制冷剂释放到大气中，以此保护制冷系统	在R134a系统中，用一个压力安全阀取代了易熔塞，这样更有利于环境保护

5. 制冷剂的使用注意事项

使用制冷剂的注意事项如表1-10所示。

表1-10   使用制冷剂的注意事项

注意事项	说明
制冷剂的储存	装制冷剂的钢瓶，应储存在阴凉、干燥、通风的库房中，防止受潮而腐蚀钢瓶，在运输过程中要严防振动和撞击
使制冷剂远离热源，不要把它存放在日光直射的场所	在给汽车空调系统中加注制冷剂时，为提高加注效率，可对装制冷剂的容器加热，加热应在40℃以下的温水中进行，而不可将其直接放在火上烘烤。否则，会引起内储的制冷剂压力增大，导致容器发生爆炸
避免接触皮肤	因制冷剂在大气环境下会急剧蒸发，当其液体落到皮肤上时，会从皮肤上大量吸热而汽化，造成局部冻伤。尤其危险的是，当其进入眼睛时，会冻结眼睛中的水分，有可能造成失明的重大事故。因此，在处理制冷剂时，应戴上眼镜和防护手套。若制冷剂触及皮肤或眼睛，应立即用大量清水冲洗
要避开明火	制冷剂不会燃烧和爆炸，但与明火接触时，会分解出对人体有害的气体
要注意通风良好	当制冷剂排到大气中的含量超过一定值时，会使大气中的氧气浓度下降，而使人窒息。因此，维修汽车空调制冷系统管路时，要在通风良好的地方进行操作

八、冷冻油

1. 冷冻油的作用

冷冻油也称为冷冻机油、冷冻润滑油，是制冷压缩机的专用润滑油，它保证压缩机正常运转、可靠工作，并延长其使用寿命，如图1-9所示。

冷冻油的作用如表1-11所示。

图1-9   冷冻油

表 1-11 冷冻油的作用

作用	说明
润滑作用	压缩机是高速运动的机器，轴承、活塞、活塞环、曲轴、连杆等机件表面需要润滑，以减少阻力和磨损，延长使用寿命，降低功耗，提高制冷系数
密封作用	汽车使用的压缩机传动轴需要油封来密封，防止制冷剂泄漏。有润滑油，油封才起密封作用。同时，活塞环上的润滑油，不仅起减摩作用，而且起密封压缩机蒸气的作用
冷却作用	运动的摩擦表面会产生高温，需要用冷冻油来冷却。冷冻油冷却不足，会引起压缩机过热，排气压力过高，还会降低制冷系数，甚至烧坏压缩机
降噪作用	能够降低压缩机的噪声

2. 对冷冻油的性能要求

冷冻油在空调制冷系统中完全溶于制冷剂，并随制冷剂一起在制冷系统中循环。因此，冷冻油工作在高温与低温交替的条件下。为保证其工作正常，对冷冻油提出以下性能要求，如表 1-12 所示。

表 1-12 对冷冻油的性能要求

性能要求	说明
冷冻油的凝固点要低，在低温下具有良好的流动性	若低温流动性差，则冷冻油会沉积在蒸发器内影响制冷能力，或凝结在压缩机底部，失去润滑作用而损坏运动部件
冷冻油的黏度受温度的影响要小	温度升高或降低时，其黏度随之变小或增大。与冷冻油完全互溶的制冷剂会使冷冻油变稀，因此应选用黏度较高的冷冻油；但黏度也不宜过高，否则，需要的起动转矩增大，压缩机起动困难
冷冻油与制冷剂的溶解性能要好	在汽车空调制冷系统中，制冷剂与润滑油是混合在一起的。当制冷剂流动时，润滑油也随之流动，这就要求制冷剂与润滑油能够互溶。若二者不互溶，润滑油就会聚集在冷凝器和蒸发器的底部，阻碍制冷剂流动，降低换热能力。由于润滑油不能随制冷剂返回压缩机，压缩机将会因缺油而加剧磨损
热稳定性要高	冷冻油要具有较高的热稳定性，即在高温下不氧化、不分解、不结胶、不积炭
冷冻油应无水分	若润滑油中的水分过多，则会在膨胀阀节流口处结冰，造成冰堵，影响系统制冷剂的流动。同时，油中的水分会使冷冻油变质分解，腐蚀压缩机材料

3. 冷冻油的使用及性能检查

冷冻油的使用及性能检查如表 1-13 所示。

表 1-13 冷冻油的使用及性能检查

序号	使用及性能检查
1	必须严格使用原车空调压缩机所规定的冷冻油牌号，或换用具有同等性能的冷冻油，不得使用其他油来代替，否则会损坏压缩机
2	冷冻油吸收潮气能力极强，所以，在加注或更换冷冻油时，操作必须迅速，如没有准备好，不能立刻加油时，不得打开油罐，在加注完后应立即将油罐的盖子封紧储存，不得有渗透现象

续表

序号	使用及性能检查
3	不能使用变质的冷冻油。冷冻油变质的原因是多方面的，归纳起来有如下几方面： （1）混入水分后，在氧气作用下会生成一种油酸性质的物质，腐蚀金属零部件，这种油酸物质呈絮状； （2）高温氧化，当压缩温度过高时，油被氧化分解而变黑； （3）不同牌号的油混合使用时，由于不同牌号的冷冻油所加的氧化剂不同而产生化学反应，引起变质
4	冷冻油会妨碍热交换器的换热效果，所以，在使用时只允许加到规定的用量，绝不允许过量使用，以免降低制冷效果
5	在排放制冷剂时要缓缓进行，以免冷冻油和制冷剂一起喷出

4．冷冻油的牌号

按黏度不同，国产冷冻油牌号有 13 号、18 号、25 号和 30 号 4 种，牌号越大，其黏度也越大。进口冷冻油有 SUNISO 3GS、SUNISO 4GS、SUNISO 5GS 3 种牌号。目前，汽车空调制冷系统通常选用国产 18 号和 25 号冷冻油，或进口 SUNISO 5GS 冷冻油。

▫ 项目实施 ▫

操作　**汽车空调系统在车上布置的认知**

汽车空调部件的布置如图 1-10 所示。

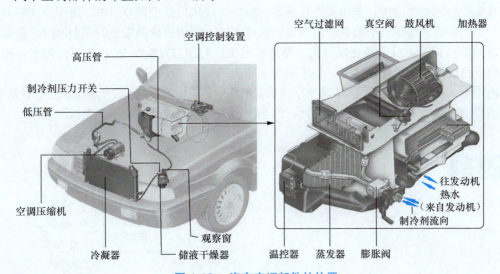

图 1-10　汽车空调部件的位置

步骤一　找到冷凝器、储液干燥器和电动冷却风扇（图中未画出）。储液干燥器安装在汽车的前部，与汽车发动机散热器左右并排或前后重叠放置，便于冷凝器和储液干燥器通风散热；电动冷却风扇置于冷凝器的前端或后端，以加强通风散热。

步骤二　找到制冷剂压力开关。制冷剂压力开关安装在储液干燥器上，用于感应汽车空调制冷系统高压端的压力。

步骤三 找到空调压缩机。空调压缩机安装在发动机前端，通过发动机曲轴皮带轮驱动运转工作。

步骤四 找到膨胀阀、蒸发器、鼓风机和暖风系统的加热器。膨胀阀和蒸发器安装在汽车驾驶室的仪表下面，便于向驾驶室吹风。蒸发器位于通风配气通道中；鼓风机和暖风系统的加热器也置于其中，鼓风机在夏季将蒸发器周围的低温空气吹入驾驶室，冬季则将加热器周围的暖空气吹入驾驶室。

步骤五 找到通风配气通道。通风配气通道总体位于驾驶室仪表板的下面。进风口通过进风风门连通风窗玻璃下的大气和驾驶室室内，进风风门控制汽车空调通风系统的内外循环；出风口通过各气流方式风门连通驾驶室出风口，如仪表板中部出风口、仪表板下部下出风口、驾驶室侧出风口、驾驶室后排座中部的后出风口等。若某出风口风门打开，则该出风口有暖风（或冷风）吹出。

步骤六 找到各风门及伺服电动机。各风门通过伺服电动机控制，安装在风门一侧，直接或间接控制风门的开闭和转动。

步骤七 找到暖风系统热水阀。暖风系统热水阀位于发动机冷却系统与汽车空调加热器之间的管道上，用于控制发动机热水进入加热器的量。

步骤八 找到汽车空调控制面板。汽车空调控制面板位于驾驶室仪表板的中部，驾驶员可通过右手进行操作控制。

步骤九 找到车外温度传感器、车内温度传感器、蒸发器温度传感器、发动机冷却液温度传感器、阳光传感器。车外温度传感器一般位于汽车前保险杠处，不受发动机高温的影响，能够真实地感应车外温度；车内温度传感器一般位于通风口的进风管道内，用于感应驾驶室温度；蒸发器温度传感器一般位于蒸发器散热片之间，用于感应蒸发器的表面温度；发动机冷却液温度传感器一般安装在发动机水循环管道上，有的与发动机 ECU 共用；阳光传感器一般位于仪表板上、风窗玻璃下，用于感应太阳光的强弱。

步骤十 找到继电器和熔丝。汽车空调系统电路中各继电器和熔丝位于发动机舱接线盒中。

步骤十一 找到汽车空调电控单元。汽车空调电控单元位于驾驶室仪表板下。

小 结

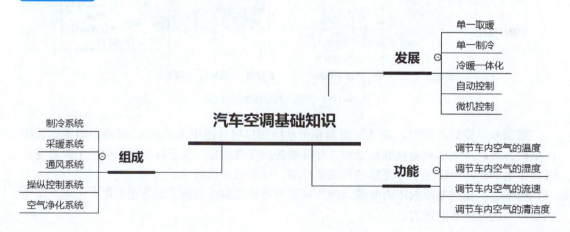

练习思考题

1. 简述汽车空调的功能。
2. 简述汽车空调的组成。
3. 试述汽车空调的特点。
4. 解释饱和温度、饱和压力等名词。
5. 举例说明热力学基础知识在汽车空调制冷系统中的应用。
6. 试述常见汽车空调主要部件在车上的布置。

学习目标

（1）熟悉汽车空调制冷系统基本工作原理。
（2）熟悉空调制冷系统部件结构。
（3）熟悉空调制冷系统控制电路。
（4）能够对空调制冷系统部件进行正确拆装与检测。
（5）培养遵守车辆维修规范、规程和标准的习惯。

文档

遵守车辆维修
操作规程

项目引入

　　车主张先生来到某汽车 4S 店反映，他的上汽大众桑塔纳轿车空调系统工作不良，即便把调温杆拨到最冷处、鼓风机调到高速挡，吹出的冷风仍然不凉。经进一步询问，张先生说该车行驶里程为 4.2 万千米，车辆使用不到 3 年。

　　该车的故障现象是典型的汽车空调制冷系统的故障。为了查明故障原因，正确地判断汽车空调制冷系统的故障，汽车维修人员必须全面认识汽车空调制冷系统，熟悉汽车空调制冷系统的结构与工作原理，了解汽车空调制冷系统分类、组成等相关的基础知识，为排除汽车空调制冷系统的故障打下基础。

相关知识

一、汽车空调制冷系统在车上的组成及工作原理

1. 空调制冷系统在车上的组成

　　图 2-1 所示为空调制冷系统，主要零件有压缩机、冷凝器、蒸发器、膨胀阀、储液干燥器、高低压管路、鼓风机等，各部分之间采用铜管（或铝管）与高压橡胶管连接成一个密闭系统。

2. 空调制冷系统基本工作原理

　　如图 2-2 所示，制冷系统工作时，制冷剂以不同的状态在密闭系统内循环流动，每一次循环包括 4 个基本过程。

视频

空调系统工作原理
及冷凝器的安装
方式

　　（1）压缩过程

　　压缩机吸入蒸发器出口处的低温（0℃）、低压（0.147MPa）的制冷剂气体，将其压缩成高温（70 ~ 80℃）、高压（1.471MPa）的气体排出压缩机。

　　（2）冷凝放热过程

　　高温、高压的过热制冷剂气体进入冷凝器，压力和温度降低。当气体的温度降至

40～50℃时，制冷剂气体变成液体，并放出大量的热。

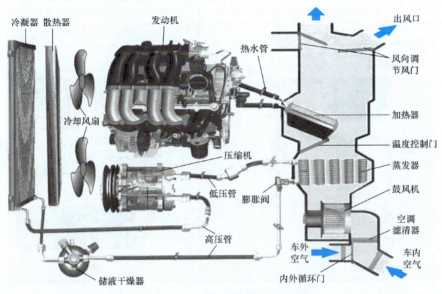

图 2-1　空调制冷系统的组成

（3）节流膨胀过程

温度和压力较高的制冷剂液体通过膨胀阀装置后体积变大，压力和温度急剧下降，以雾状（细小液滴）排出膨胀装置。

（4）蒸发吸热过程

雾状制冷剂进入蒸发器。此时制冷剂的沸点远低于蒸发器内温度，因此制冷剂液体蒸发成气体。在蒸发过程中，制冷剂大量吸收周围的热量，而后低温、低压的制冷剂蒸气又进入压缩机。

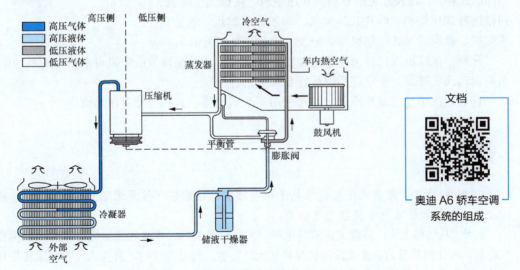

图 2-2　空调制冷系统工作过程

3. 分类

汽车空调制冷系统可分为膨胀阀制冷系统和孔管制冷系统，二者的区别如表 2-1 所示。

表 2-1   膨胀阀制冷系统和孔管制冷系统的区别

类型	膨胀阀制冷系统	孔管制冷系统
区别	使用膨胀阀进行节流控制	使用节流管进行节流控制
图示		

二、空调系统部件结构

（一）空调压缩机

空调压缩机的作用是将从蒸发器出来的低温、低压的气态制冷剂通过压缩转变为高温、高压的气态制冷剂，并将其送入冷凝器，空调压缩机实物如图 2-3 所示。

目前在汽车空调制冷系统中所采用的压缩机有多种类型，形式各异，比较常见的有斜盘式压缩机、摆盘式压缩机、曲轴连杆式压缩机、叶片式压缩机、转子式压缩机、涡旋式压缩机、径向活塞式压缩机等，分类方法如图 2-4 所示。

图 2-3   空调压缩机

此外，压缩机还可分为定排量和变排量两种形式，变排量压缩机可根据空调系统的制冷负荷自动改变排量，使空调系统运行更加经济。

目前，汽车空调制冷系统一般都采用斜盘式、摆盘式和变排量压缩机。

 要点

◆ 斜盘式和摆盘式压缩机均属于轴向活塞式压缩机（往复活塞式压缩机），排量与缸径、缸数和摆盘或者斜盘角度有关。

◆ 从结构上讲，斜盘式压缩机比摆盘式压缩机更好。摆盘式压缩机的防旋转机构有齿轮副，相比同排量的斜盘式压缩机噪声更大，斜盘式的无此结构。斜盘式压缩机活塞是双向的，结构设计无须做动平衡，当一端活塞在吸气的时候，另一端的活塞在排气，排气脉动更小。摆盘的活塞一般用的是活塞环，斜盘的活塞一般在表面涂聚四氟乙烯。其他区别不是很大。

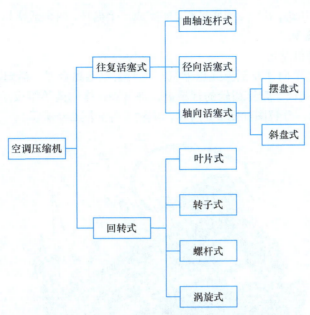

图 2-4 空调压缩机的分类

1. 斜盘式压缩机

斜盘式压缩机是双向往复活塞式压缩机,因活塞的往复运动是由一固结在主轴上的斜盘来驱动而得名。由于活塞往复运动与驱动轴中心线平行,因此也将其称为轴向往复式活塞压缩机。斜盘式压缩机没有曲柄连杆机构,在圆周方向上同时可配置若干个气缸,结构比较紧凑,平衡性能好,转速较高。

(1) 斜盘式压缩机结构

斜盘式压缩机主要由双向活塞、气缸(壳体)、主轴及斜盘、进气阀、排气阀等组成,如图 2-5 所示。

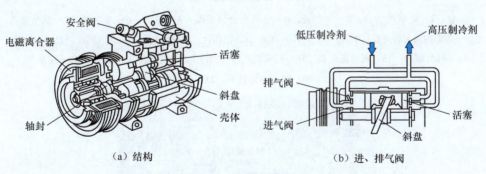

(a) 结构　　　　　　　　　　　(b) 进、排气阀

图 2-5 斜盘式压缩机

(2) 斜盘式压缩机工作原理

压缩机轴旋转时,轴上的斜盘同时驱动所有的活塞运动,部分活塞向左运动,部分活塞向右运动。当活塞向左运动时,活塞左侧的空间缩小,制冷剂被压缩,压力升高,打开排气阀,向外排出制冷剂,与此同时,活塞右侧空间增大,压力减小,进气阀开启,制冷剂进入气缸。由于进、排气阀均为单向阀结构,所以保证制冷剂不会倒流。斜盘每转动一周,前、后两个

活塞各自完成吸气、压缩、排气、膨胀过程，即完成一个循环，两个活塞相当于两个工作循环。

2. 摆盘式压缩机

（1）摆盘式压缩机结构

摆盘式压缩机是单向往复活塞式压缩机，主要由电磁离合器、活塞、缸体（壳体）、摆盘（传动斜盘）、传动板、带锥齿轮的行星盘、进气阀、排气阀等组成，结构如图 2-6 所示，剖面图如图 2-7 所示，分解图如图 2-8 所示，实物零件如图 2-9 所示。

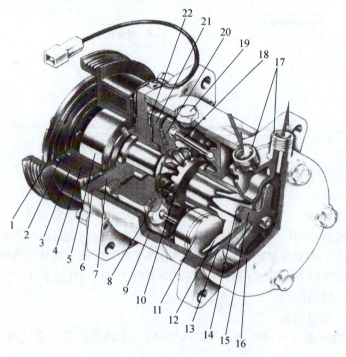

图 2-6　摆盘式压缩机的结构

1—压盘；2—电磁离合器；3—V 带轮；4—电磁离合器线圈；5—轴承；6—密封圈；7—驱动端盖；
8—带锥齿轮的行星盘；9—缸体（壳体）；10—固定锥齿轮；11—活塞；12—进气阀片；13—阀板；
14—排气阀片；15—阀片限位板；16—后端盖；17—制冷剂进出接头；18—连杆；19—注油塞；
20、22—推力轴承；21—摆盘

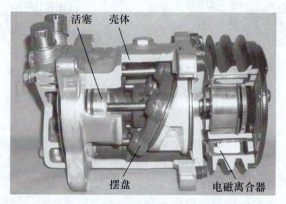

图 2-7　摆盘式压缩机的剖面图

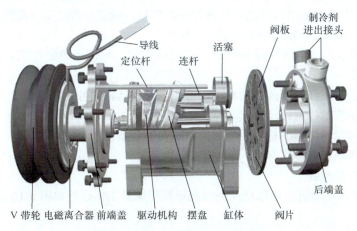

图 2-8 摆盘式压缩机的分解图

图 2-9 摆盘式压缩机的零件实物

（2）摆盘式压缩机工作过程

当主轴转动时，摆盘随传动板斜面圆周方向摆动，通过连杆带动活塞往复移动。在摆盘圆周上，均匀布置有 5 个连杆及活塞，组成五缸压缩机。

3. 变排量压缩机

所谓变排量压缩机，结构是在传统的斜盘式或摆盘式压缩机基础上加设一个变排量机构。传统的斜盘式或摆盘式压缩机中，斜盘或摆盘的偏转角度是固定不变的，即活塞的最大行程是固定的。而升级为可变排量压缩机后，调节斜盘或摆盘的角度，从而调节活塞的最大行程，改变压缩机的排气量。变排量压缩机有排量固定变化式和连续变化式两种。

（1）固定变化式变排量压缩机

固定变化式变排量压缩机是在压缩机移动活塞的旋转斜盘上增加了一个可变排量机构，设计为两级变排量，即 100% 排量和 50% 排量，可以使压缩机的全部气缸（10 个气缸，即全容量）同时工作，也可以使部分气缸（5 个气缸，即半容量）工作。工作原理为空调电控单元（ECU）根据蒸发器出风口温度传感器获得信号，确定是否给变排量机构的电磁阀线圈通电，来控制压缩机在全容量和半容量之间转换。

① 优点。目前，变排量压缩机得到了广泛的应用。与传统的定量空调相比，变排量空调有如下的优点。

◆ 排气压力和工作转矩的波动减小，避免了对发动机的冲击。

◆ 保持了温度的稳定性。

◆ 保持了蒸发器低压的稳定性，而且蒸发器不会结霜。

◆ 提高了压缩机的使用寿命。

◆ 减少了功率消耗。

② 两级变排量压缩机工作原理。两级变排量压缩机工作原理如图 2-10 所示。

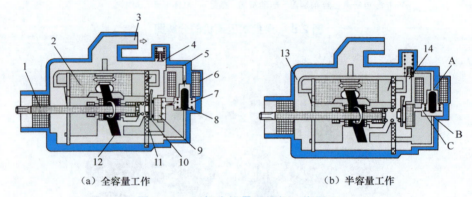

（a）全容量工作　　　　　　　　　　（b）半容量工作

图 2-10　两级变排量压缩机工作原理

1—压缩机轴；2—活塞；3—连冷凝器；4—单向阀；5—旁通回路；6—电磁线圈；7—弹簧；8—电磁阀；9—柱塞；
10—排气阀；11—阀盘；12—旋转斜盘；13—前高压出口；14—后高压出口；A、B、C—通气孔

◆ 全容量工作过程。全容量工作时，电控单元（ECU）不给电磁阀线圈通电，电磁阀在弹簧的作用力下将 A 孔打开，B 孔关闭，如图 2-10（a）所示。高压制冷剂从旁通回路进入，作用在柱塞右侧并使其移动，直至使排气阀压在阀盘上，于是压缩机的所有气缸都能随活塞的运动而产生高压，此时即为压缩机全容量工作。此时单向阀在高压作用下，将 C 孔打开，使压缩机前后高压气体一起进入冷凝器。

◆ 半容量工作过程。半容量工作时，ECU 给电磁阀线圈通电，电磁阀中阀芯在电磁力作用力下将 A 孔关闭，B 孔打开，如图 2-10（b）所示。高压制冷剂就不能从旁通回路进入，柱塞则不能使排气阀压在阀盘上，于是压缩机只有部分气缸能随活塞的运动而产生高压，此时即为压缩机半容量工作。此时单向阀将 C 孔关闭，防止压缩机前部产生的高压冷却剂回流。

 提示

压缩机停止工作时，单向阀关闭 C 孔；压缩机起动时，以半容量工作，从而减小压缩机起动时的振动。

（2）连续变化式变排量压缩机

连续变化式变排量压缩机的结构如图 2-11 所示，压缩机通过改变斜盘的倾斜度来改变压缩机的排量，调节范围在 2% ～ 100%。斜盘的倾斜度取决于每个活塞两侧的压力差，活塞右侧的压力受压力箱内压力的影响，压力箱内压力由调节阀和节流管道控制。

① 压缩机大排量输出时，如图 2-12 所示，压缩机输出压力较高，通过节流管道的作用使压力箱内压力升高。当压力箱内压力升高到某一值时，调节阀开启，使压力箱与进气低压侧接通，故压力箱内的压力处于较低状态。此时，由于压缩机输出压力较高，活塞左侧的压力较高，因此活塞两侧的压力差增大，从而使斜盘的倾斜度增大，活塞行程变长。

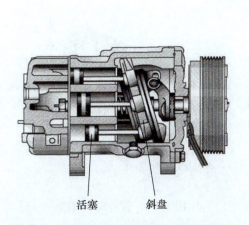

图 2-11　连续变化式变排量压缩机的结构

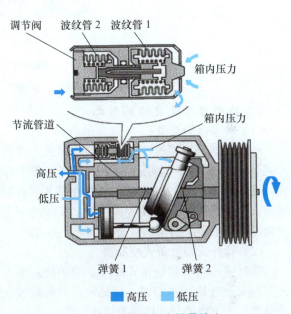

图 2-12　压缩机大排量输出

② 压缩机小排量输出时，如图 2-13 所示，压缩机输出压力较低，使压力箱内压力上升较小，调节阀处于关闭状态。此时，由于压缩机输出压力较低，活塞右侧的压力较低，因此活塞两侧的压力差较小，从而使斜盘的倾斜度减小，活塞行程变短。

（二）冷凝器

1. 冷凝器的作用

汽车空调冷凝器的作用是把压缩机排出的高温、高压制冷剂气体，通过冷凝器将热量散发到车外空气中，从而使高温、高压的制冷剂气体冷凝成中温的高压液体。即从压缩机压出高温约 80℃、高压约 1.5 MPa 的气态制冷剂，此制冷剂流入冷凝器芯管中，在风扇转动或车辆行驶时空气吹过冷凝器，冷却芯管中的制冷剂变为中温约 40℃、高压约 1.1 MPa 的液态制冷剂。

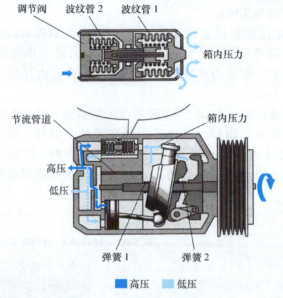

调节阀　波纹管2　波纹管1
箱内压力

节流管道　　　　　　箱内压力
高压
低压

弹簧1　　　弹簧2

■高压　■低压

图 2-13　压缩机小排量输出

2. 冷凝器的主要结构形式

（1）冷凝器的类型

汽车空调制冷系统冷凝器的结构形式主要有管片式（见图 2-14）、管带式（见图 2-15）和平行流式（见图 2-16）3 种。冷凝器的结构由管片式过渡到管带式，并向平行流式发展。目前，我国轿车上的空调冷凝器主要采用全铝管带式和平行流式。

（2）管片式和管带式冷凝器

管片式冷凝器和管带式冷凝器的结构及加工工艺与同类蒸发器基本相同，只是管片的间距较大且冷凝器厚度方向的尺寸比蒸发器小。

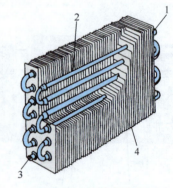

图 2-14　管片式冷凝器

1—进口；2—圆管；3—出口；4—翅片（管片）

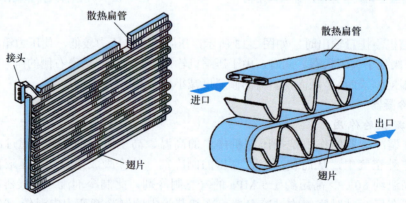

散热扁管

接头

翅片

散热扁管

进口

出口

翅片

（a）整体结构　　　　　　　（b）局部结构

图 2-15　管带式冷凝器

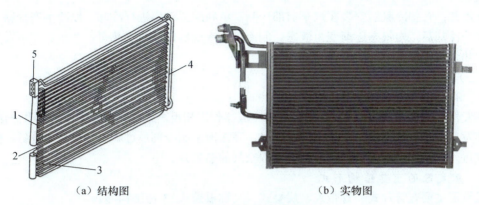

（a）结构图　　　　　　　　　　　（b）实物图

图 2-16　平行流式冷凝器

1—圆柱集流管；2—铝制内肋扁管；3—波形散热翅片；4—连接管；5—接头

（3）平行流式冷凝器

平行流式冷凝器的结构如图 2-16 所示，它由圆柱集流管、铝制内肋扁管、波形散热翅片（散热带）和连接管组成，是为适应制冷剂 R134a 而研制的冷凝器。平行流式冷凝器工作过程如图 2-17 所示。

平行流式冷凝器在两条集流管间用多条扁管相连，将几条扁管隔成一组，使其进口处管道多，逐渐减少每组管道数，在出口处管道少，实现了冷凝器内制冷剂温度及流量均匀分配，提高了换

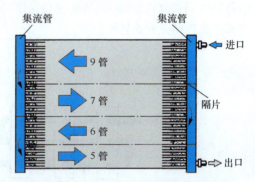

图 2-17　平行流式冷凝器工作过程

热效率，降低了制冷剂在冷凝器中的压力消耗，这样就可减少压缩机功耗。由于管道内散热面积得到充分利用，故对于同样的迎风面积，平行流式散热器的换热量得到了提高。

3．冷凝器的安装

汽车空调冷凝器通常安装在汽车前部、侧部或底部，容易受到腐蚀，因此冷凝器表面必须采取防腐措施。

提示

　　安装冷凝器应注意：从压缩机来的制冷剂必须从冷凝器的上端进口进入，经冷却后的制冷剂则必须从冷凝器下端出口流出。如果安装错误，则容易导致制冷系统压力升高，严重时甚至导致冷凝器胀裂。

4．冷凝器的工作原理

空调制冷系统工作时，由于进入冷凝器的制冷剂温度高于外界环境温度，所以制冷剂的部分热量可经冷凝器散热管、散热片（或散热带）自发地传递给外界空气。为提高对制冷剂的冷却强度，冷凝器一般安装在发动机散热器前面，利用发动机的冷却风扇及行车时的迎面

风加强冷却；有些冷凝器安装在汽车前部一侧，单独配置风扇进行冷却。制冷剂在冷凝器内得到充分冷却后，由气态逐渐变为液态。制冷剂在冷凝器内放出的热量，等于其在蒸发器内吸收的热量与压缩机对其所做的功之和。

（三）蒸发器

1. 蒸发器的作用

蒸发器是热交换装置，它的作用恰好与冷凝器作用相反。蒸发器内的制冷剂起吸热作用，流经蒸发器的空气被冷却（制冷系统工作时，高压液态制冷剂通过膨胀阀而压力降低，变成湿蒸气进入蒸发器芯管，吸收散热片及周围空气的热量）。

2. 蒸发器的主要结构形式

蒸发器主要有管片式、管带式、层叠式（又称板翅式）3 种结构形式。

（1）管片式蒸发器

如图 2-18 所示，管片式蒸发器由铜质或铝质圆管套上的铝散热片组成（经胀管工序使散热片与圆管紧密接触），结构比较简单，加工方便，与一般房间空调器的设备相同，但管片式蒸发器换热效率较低。

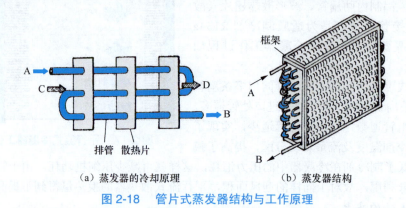

（a）蒸发器的冷却原理　　　　　　（b）蒸发器结构

图 2-18　管片式蒸发器结构与工作原理

A—来自膨胀阀的液体制冷剂；B—气体制冷剂；C—车厢热空气；D—吹出的冷风

（2）管带式蒸发器

如图 2-19 所示，管带式蒸发器由多孔扁管与蛇形散热铝带焊接而成，工艺比管片式复杂，焊接技术难度大，需采用复合铝材（表面覆盖一层 0.02 ～ 0.09 mm 厚的焊药）及多孔扁管型材，但换热效率比管片式蒸发器高 10% 左右。

（3）层叠式蒸发器

层叠式蒸发器又称板翅式蒸发器，如图 2-20 所示，它由两片冲压成复杂形状的铝板叠在一起形成制冷剂通道，每两条通道之间夹有蛇形散热铝带。此种类型的蒸发器也需要双面复合铝材，且焊接技术要求高，加工难度大，但其换热效率比管带式蒸发器高约 10%，结构也比较紧凑。

3. 蒸发器基本工作原理

空调系统工作时，来自节流装置的低温、低压液态雾状制冷剂通过蒸发器管道时蒸发，吸收车内空气的大量热量而制冷，同时低压雾状制冷剂变为低压气态制冷剂，并回到压缩机。

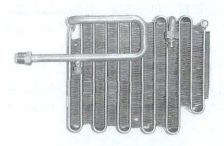

图 2-19　管带式蒸发器

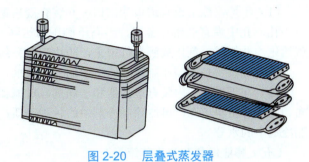

图 2-20　层叠式蒸发器

（四）储液干燥器

1. 储液干燥器的作用

视频

储液干燥器全称为储液干燥过滤器，安装在冷凝器与膨胀阀之间，是液态制冷剂的一个储存箱，主要有以下的作用。

储液干燥器与
制冷剂管路

（1）储存制冷剂

储液干燥器接收从冷凝器来的液体并加以储存，根据蒸发器的需要提供所需制冷剂量。

（2）吸收制冷剂中的湿气

汽车空调制冷系统中湿气要求越少越好，因为湿气会造成"冰塞"并腐蚀系统管道等，使之不能正常工作。

（3）过滤制冷剂中的杂质

储液干燥器将系统中经常会出现的杂质、脏物，如锈迹、污垢、金属颗粒等过滤掉，这些杂质会损伤压缩机气缸壁和轴承，还会堵塞过滤网和膨胀阀。

2. 储液干燥器的结构

储液干燥器的结构如图 2-21 所示。

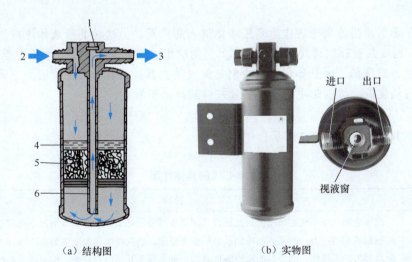

（a）结构图　　　　　　　（b）实物图

图 2-21　储液干燥器结构

1—观察窗（视液窗）；2—进口（接冷凝器）；3—出口（至膨胀阀）；4—过滤器；5—干燥剂；6—吸取管

（1）干燥器盖上设有进口和出口，并装有观察窗（视液窗）和易熔塞。易熔塞的中部开有小孔，孔中灌有低熔点金属，当高压侧压力达到 2.9MPa、温度达到 95℃时，低熔点金属就熔化，并把制冷剂排放到大气中去，防止整个系统损坏。

（2）观察窗是安装在制冷剂通道中的一块玻璃，用来观察制冷剂的流动状况。

（3）在干燥器体内装有过滤器和干燥剂。过滤器由多层金属滤网组成，并用铜丝布、纱布、药棉等材料填充，可滤除制冷剂中的各种杂质；干燥剂一般为硅胶或分子筛，用来吸收制冷剂中的水分。

（五）膨胀阀和孔管（节流管）

为了达到最大的冷却效果，必须控制进入蒸发器的流量，这样才能确保蒸发器内的液态制冷剂得到完全蒸发。节流膨胀装置就能够达到这个目的。汽车空调制冷系统采用的节流膨胀装置主要是热力膨胀阀和孔管等。膨胀阀和孔管都是用来降低液态制冷剂的压力，使制冷剂能在蒸发器中膨胀变成蒸气，它们是制冷系统高低压的分界点。

1．膨胀阀

（1）膨胀阀的作用

膨胀阀也称节流阀，是组成汽车空调制冷装置的主要部件，安装在蒸发器入口处（见图 2-22），也是汽车空调制冷系统高压与低压的分界点。其作用是把来自储液干燥器的高压液态制冷剂节流减压，调节和控制进入蒸发器中的液态制冷剂量，使之适应制冷负荷的变化，同时可防止压缩机发生液击现象和蒸发器出口蒸气异常过热。

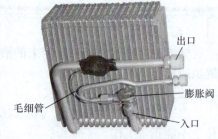

图 2-22　膨胀阀安装位置

提示

储液干燥器排出的制冷剂作为高压液体流入膨胀阀，当这种高压液体流经膨胀阀的节流孔时，制冷剂被强制通过此小孔并在另一侧喷出。这样就产生了一个压力差，由此，压力和温度得到降低，而且雾化的制冷剂可流过蒸发器并且容易汽化。因为空调系统的温度比车内温度低，所以制冷剂吸收热量并将其排出车厢。

膨胀阀的具体作用如表 2-2 所示。

表 2-2　　　　　　　　　　　　　　　　膨胀阀的具体作用

功用	说明
节流作用	汽车空调制冷系统的高压侧与低压侧是由膨胀阀分隔开来的。膨胀阀节流小孔将改变流入的液态制冷剂的压力，即液态制冷剂从高压变为低压。进入阀中的制冷剂为高压液体，离开阀的制冷剂为低压液体，制冷剂的压力降低对制冷剂的状态几乎没有影响。由于通过膨胀阀产生这一个压力降，制冷剂的流动会受到限制即节流

续表

功用	说明
调节作用	膨胀阀可以起到调节制冷剂流量的作用。按照设计要求，膨胀阀通过改变开启或关闭阀芯的位置来控制流过节流孔的液态制冷剂流量，从全开位置调到关闭位置，阀芯在这两个位置之间不断地调整平衡，以保证在各种负载条件下节流而进入适量的制冷剂。这就确保了蒸发器可以接收到适量的制冷剂，保证适当的冷却作用
控制作用	膨胀阀必须快速地对环境的热负载工况变化做出反应。当测出的环境热量升高时，膨胀阀的阀芯会向增加制冷剂流量的开启位置移动；由于发动机转速升高而使得热载荷降低或压缩机输出量增加时，就会使膨胀阀的阀芯向关闭位置移动或直至关闭位置，以限制制冷剂流入蒸发器的量

（2）膨胀阀的分类

根据平衡方式不同，膨胀阀分为内平衡式和外平衡式两种（均为热力膨胀阀）。

① 内平衡式，又称为恒压式，这种膨胀阀从针阀的蒸发器侧到膜片下侧有一孔形通路。

② 外平衡式，又称为温控式，这种膨胀阀有一毛细管连接至蒸发器出口处，用于探测蒸发器的压力。使用外平衡式膨胀阀可以消除经过蒸发器盘管的压力降的影响，使过热（入口和出口的温度差）的设定取决于过热弹簧力的设定，其弹簧在使用一段时间后，弹簧力可能会下降，可以做必要调整。

（3）膨胀阀的结构与工作原理

提示

膨胀阀的阀芯是通过膜片连动的，控制膜片的因素有 3 个：蒸发器的压力使阀关闭；弹簧压力使阀关闭；膜片顶部通过毛细管中来自热敏管的惰性气体压力使阀打开。这 3 种力的合力使膨胀阀打开一定的开度，控制制冷剂的流量。

① 内平衡膨胀阀的结构与工作原理。

◆ 内平衡膨胀阀的结构如图 2-23 所示。它由节流孔、感温系统和调节机构等组成。节流孔的孔径一般为 1～3 mm，其功用是对液态高压制冷剂节流降压；感温系统主要包括金属膜片、毛细管、感温包等，感温包内充满制冷剂气体，它通过毛细管感应蒸发器出口温度，随蒸发器出口温度变化，感温包内制冷剂气体压力也发生变化，并将这种变化通过金属膜片传递给调节机构；调节机构包括阀体、阀座、顶杆、弹簧等，用来直接改变膨胀阀节流孔开度，以实现对制冷剂流量的调节和控制。

◆ 内平衡膨胀阀工作原理。感温包内制冷剂气体的压力作用在金属膜片上方，而金属膜片下面承受阀芯与顶杆传来的弹簧力和平衡压力（节流后的制冷剂压力），阀芯直接控制节流孔的开度。当金属膜片受力平衡时，金属膜片位置、阀芯位置、节流孔开度均固定。当蒸发器出口温度较高时，感温包内气体作用在金属膜片上方的压力增大，使金属膜片、顶杆、阀芯向下移动，节流孔开大，进入蒸发器的制冷剂流量增加，制冷量也相应增大；反之，当蒸发器出口温度较低时，节流孔开度减小，进入蒸发器的制冷剂流量减小，制冷量也相应减少。由于平衡压力是由膨胀阀内部将节流后的制冷剂引至金属膜片下方产生的，所以称为内平衡膨胀阀。

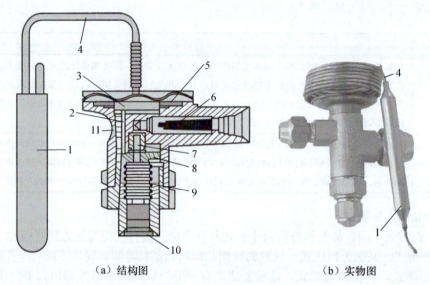

（a）结构图　　　　　　　　　　　（b）实物图

图 2-23　内平衡膨胀阀

1—感温包；2—顶杆；3—支撑片；4—毛细管；5—金属膜片；6—滤网；7—节流孔；8—阀芯；9—弹簧；

10—出口；11—内平衡孔

② 外平衡膨胀阀的结构与工作原理。外平衡膨胀阀与内平衡膨胀阀的结构和工作原理基本相同，只是平衡压力用外平衡管路从蒸发器出口引至金属膜片下方，其结构如图 2-24 所示。相比而言，两种膨胀阀都是通过感温包感应蒸发器出口温度，但内平衡膨胀阀感应的压力是蒸发器进口压力，而外平衡膨胀阀感应的压力是蒸发器出口压力。

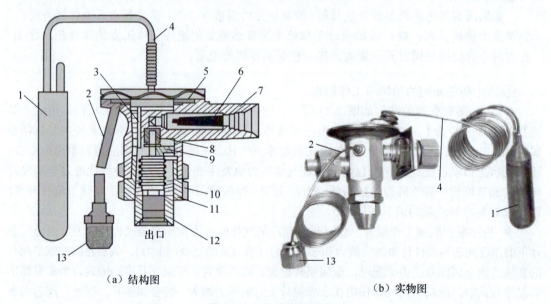

（a）结构图　　　　　　　　　　　（b）实物图

图 2-24　外平衡膨胀阀

1—感温包；2—外平衡管；3—顶杆；4—毛细管；5—金属膜片；6—滤网；7—阀体；8—节流阀；9—阀芯；

10—弹簧；11—弹簧座；12—调节螺母；13—外平衡管接头

（4）H 形膨胀阀

除了上述典型的膨胀阀以外，还有一种 H 形膨胀阀得到了广泛的应用。H 形膨胀阀取消了外平衡式膨胀阀的外平衡管和感温包，使其直接与蒸发器进出口相连。H 形膨胀阀因其内部通路形状像 H 而得名，如图 2-25 所示。它有 4 个接口通往汽车空调制冷系统，其中两个接口和普通膨胀阀一样，一个接储液干燥器的出口，一个接蒸发器的进口；但另两个接口，一个接蒸发器的出口，一个接压缩机的进口，感温包和毛细管均由薄膜下面的感温元件取代，H 形膨胀阀结构紧凑，性能可靠。

视频

冷却系统的节流装置

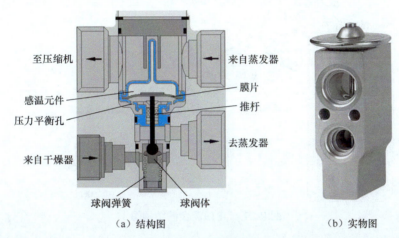

（a）结构图　　　　　　　　　　（b）实物图

图 2-25　H 形膨胀阀

由于没有感温包、毛细管和外平衡接管，因此避免了因汽车颠簸、振动而使充注系统断裂外漏以及感温包松动影响膨胀阀工作，提高了膨胀阀的抗振性能。捷达轿车采用了这种 H 形膨胀阀。

2. 孔管（节流管）

膨胀阀的另一种形式是孔管（节流管），也称细管，用于孔管系统上，它没有感温包、平衡管，而有一个小孔节流元件和一个网状过滤器，如图 2-26 所示。它一般用在隔热性能好且车内负荷变化不大的轿车上。

与膨胀阀相比，它结构简单，可靠性好，价格便宜，应用广泛，美国、日本的许多高级轿车上都

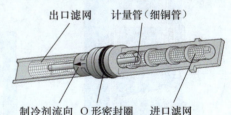

图 2-26　孔管（节流管）结构

采用这种节流方式，但它不能根据工况变化调节制冷剂的流量。节流管根据使用情况不同，尺寸也有所不同。其节流元件堵塞会导致节流管失效，即使清理堵塞，节流管的节流效果也不理想，所以节流管一旦失效，通常都是直接换件，而且储液干燥器一般也要同时更换。

（六）空调制冷系统的控制元件

1. 电磁离合器

（1）作用

空调压缩机电磁离合器的作用是根据需要接通或切断发动机与压缩机之间的动力传递。

电磁离合器是汽车空调控制系统中最重要的部件之一，受空调压缩机开关、温度控制器和压力开关等部件的控制。

（2）结构与工作原理

电磁离合器一般安装在压缩机前端并作为压缩机总成的一部分。

电磁离合器主要由电磁线圈、驱动 V 带轮、离合器吸盘（压盘）、轴承等零部件组成，结构与工作原理如图 2-27 和图 2-28 所示。

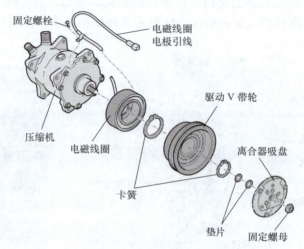

图 2-27　电磁离合器结构图

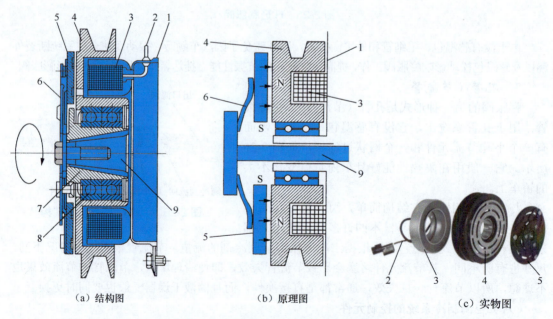

（a）结构图　　　　　（b）原理图　　　　　（c）实物图

图 2-28　电磁离合器的结构与原理图

1—压缩机驱动端盖；2—电磁线圈电极引线；3—电磁线圈；4—驱动 V 带轮；5—离合器吸盘（压盘）；
6—片簧；7—压盘轮毂；8—滚珠轴承；9—压缩机轴

电磁线圈固定在压缩机前缸盖上，转子轴承压装在前缸盖凸缘上。片状弹簧、吸盘及固定盘为一体，固定盘上的轴套与压缩机主轴之间通过花键连接。驱动 V 带轮为电磁离合器的主动部分，片状弹簧和吸盘则为从动部分。当电磁线圈断电时，没有磁力作用，压板与驱动 V 带轮分开，驱动 V 带轮随发动机自由转动，压缩机不工作；当电磁线圈通电产生磁场时，使吸盘与驱动 V 带轮接合，驱动 V 带轮通过吸盘、片状弹簧驱动压缩机轴转动，压缩机开始工作。

视频

冷却系统中各控制元件的功能

2. 制冷剂压力开关

在汽车空调制冷系统中一般都设有压力开关，安装在干燥罐与膨胀阀之间的高压管路上，它的作用是在制冷剂压力高于或低于所规定的压力值时，自动切断电磁离合器的电路，使压缩机停止工作，防止损坏制冷系统部件。压力开关分为高压开关和低压开关两种。

（1）高压开关

当制冷系统在运行过程中，由于某些原因引起高压侧压力异常升高，超过规定的安全值时，会导致制冷系统中冷凝器、高压管路等零件的损坏，为此设置高压开关。在制冷系统高压侧压力超过规定值时，高压开关起保护作用，高压开关的保护作用有两种形式：一种是自动将冷凝器冷却风扇高速挡电路接通，提高风扇转速，以便较快地降低冷凝器的温度和压力；另一种是切断压缩机电磁离合器电路，使压缩机停止工作。

高压开关的结构如图 2-29 所示，图 2-29（a）所示的高压开关为触点常开型高压开关，制冷剂直接作用在膜片上方。对于安装这种形式高压开关的汽车，当制冷剂系统压力超过规定值时，制冷剂压力大于弹簧压力，触点闭合，将冷凝器冷却风扇高速挡电路接通，提高风扇转速，强制冷却冷凝器。图 2-29（b）所示的高压开关为触点常闭型高压开关。对于安装这种形式高压开关的汽车，当制冷剂系统压力超过规定值时，制冷剂压力大于弹簧压力，触点断开，切断压缩机电磁离合器电路，使压缩机停止工作，从而保护了压缩机及高压管路等零件。

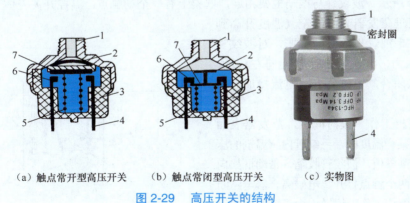

（a）触点常开型高压开关　（b）触点常闭型高压开关　（c）实物图

图 2-29　高压开关的结构

1—管路接头；2—膜片；3—外壳；4—接线柱；5—弹簧；6—固定触点；7—活动触点

（2）低压开关

在汽车空调制冷系统中由于某些原因造成制冷剂泄漏，从而导致系统中制冷剂严重不足或者全部漏掉，而且在制冷剂泄漏的同时，冷冻油也可能随之泄漏。在这种情况下，如果打开空调装置，压缩机将会由于润滑不良而损坏。为此，制冷系统中设置低压开关来保护压缩机的工作，当制冷剂严重不足时，压缩机自动停止工作，或即使空调装置打开，压缩机也不能工作。

低压开关的结构与高压开关的基本相同，它为触点常开型低压开关，制冷剂直接作用在膜片上方，当制冷剂的压力超过弹簧的压力时，膜片下移，触点闭合，接通电磁离合器的电路，压缩机正常工作。当制冷系统由于某种原因泄漏，导致制冷剂的压力低于规定的标准值时，膜片上方制冷剂的压力小于弹簧压力，膜片上移，触点断开，电磁离合器电路被断开，压缩机停止工作。

提示

有些汽车如桑塔纳轿车的空调制冷系统中，将高压开关与低压开关组合成一体，安装在储液干燥器上面。这样可以减少接口，也就减小了制冷剂泄漏的可能性。

3. 恒温器

恒温器相当于一个继电器，用来控制压缩机电磁离合器的工作电路。恒温器又称为温控开关，它用来感受蒸发器表面温度，防止由于蒸发器表面结冰而造成车内空气不能循环及制冷能力下降。恒温器的感温元件通常安放在蒸发器表面，当车内温度上升到某一值时，温控开关触点闭合，使电磁离合器电路导通，电磁离合器接合，压缩机开始工作；当车内温度下降到某一值时，蒸发器表面温度接近冰点，这时温控开关触点断开，电磁离合器电路断开，电磁离合器分离，压缩机停止工作。

（1）机械式恒温器

机械式恒温器由感温系统、调节装置及触点开关3部分组成。感温系统由毛细管和波纹管组成，内部充注气体感温剂。恒温器的毛细管（感温包）一般插在蒸发器中间，其工作原理如图2-30所示。波纹管与摆动框架相连，框架上有一个动触点，温控开关壳体上有一个定触点；当流过蒸发器表面的空气温度升高到某一值时，毛细管里的气体膨胀，对波纹管产生一个压力，波纹管推动框架向左移动，使两个触点闭合，电磁离合器电流接通，压缩机工作。

当压缩机工作一段时间后，蒸发器表面温度下降到某一温度时，毛细管内感温剂的压力也下降到某一值，波纹管收缩，带动框架向右移动，使两个触点打开，电磁离合器电路断开，压缩机停止工作。这样，由于恒温器的触点不断地打开、闭合，使离合器电路不断地导通与断开，进而使压缩机做间歇性工作，这样，便可防止蒸发器表面温度过低而结冰。

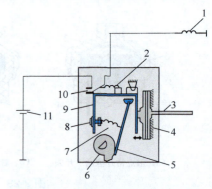

图 2-30　机械式恒温器的工作原理

1—电磁离合器线圈；2—弹簧；3—毛细管；4—波纹管；5—轴；6—调节凸轮；7—调节弹簧；8—调节螺钉；9—摆动框架；10—触点；11—蓄电池

（2）热敏电阻式恒温器

热敏电阻式恒温器的感温元件实际是一个小圆片形的热敏电阻，安装在蒸发器出口位置，由热敏电阻将蒸发器出口温度的变化转化为电信号，传送到放大器进行放大，通过放大器控制电磁离合器电路的导通与断开，并用导线与晶体管电路系统相连，如图 2-31 所示。由于温度变化使热敏电阻的电阻值发生变化，从而控制电路的接通与断开。

图 2-31 中的热敏电阻 R 为负温度系数，当蒸发器表面温度升高时，热敏电阻阻值减小，复合晶体管 VT1、VT2 导通，继电器 K 触点闭合，电磁离合器电路导通，压缩机运行。反之，当蒸发器表面温度下降到某一值时，复合晶体管 VT1、VT2 截止，继电器 K 触点断开，压缩机停止工作。

4．过热开关与热力熔断器

当制冷系统缺少制冷剂时，若压缩机继续工作，将会因缺少润滑及过热而损坏。过热开关就是在上述情况下，接通热力熔断器电路，熔断器熔化断路，使压缩机停止工作，起到自动保护的作用。

（1）过热开关

过热开关安装在压缩机缸盖里面，是一种温度－压力感应开关。在正常情况下，此开关处于断开位置，如图 2-32 所示。动触点安装在膜片上方，感温管

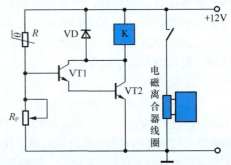

图 2-31　热敏电阻式恒温器的工作原理

内的气体压力作用在膜片下方。当系统处于正常状态时，膜片总成使动触点离开接线柱，过热开关保持常开。当系统因泄漏等导致制冷剂不足时，压缩机温度异常升高，感温管内的气体膨胀并推动膜片向上，使过热开关闭合，接通热力熔断器电路。

（2）热力熔断器

热力熔断器是与过热开关配合工作的，如图 2-33 所示，它由温度感应熔丝和线绕电阻器（加热器）组成。当过热开关闭合时，通向过热开关的电流通过热力熔断器中的加热器，使加热器温度升高，直到把熔断器熔化，使电磁离合器电路断路，压缩机停止工作。

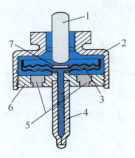

图 2-32　过热开关

1—接线柱；2—壳体；3—膜片总成；4—感温管；
5—底座孔；6—底座；7—动触点

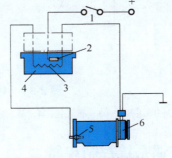

图 2-33　热力熔断器

1—环境温度开关；2—熔断器；3—加热器；
4—热力熔断器；5—过热开关；6—电磁离合器

因为熔化熔丝需要一定的时间，所以短时间（一般约 3min）内的高温现象是不起作用的。短时间异常过热，也不足以对系统工作产生影响。

5. 环境温度开关、水温开关与除霜开关

（1）环境温度开关

在过低的环境温度下，是不宜起动空调系统的。有些空调制冷系统中设有环境温度开关。环境温度开关与压缩机电磁离合器线圈串联，当环境温度低于某一值（5℃左右）时，环境温度开关断开，压缩机停止工作。

（2）水温开关

水温开关装在发动机水箱或冷却水管路中，感应发动机水温。水温开关有两种类型：一类与空调压缩机电磁离合器线圈串联，其作用是当发动机水温超过某一规定值时，自动切断压缩机电磁离合器电路，空调压缩机停止工作，以减小发动机负荷，当水温降至某一值时，开关又自动接通，空调压缩机重新工作；另一类水温开关用来控制冷凝器风扇的高速挡，当发动机水温超过某一规定值时，水温开关自动接通冷凝器风扇的高速挡，对冷凝器进行强制冷却，用以减小发动机负荷。

（3）除霜开关

为了消除蒸发器外表面的积霜，有些空调制冷系统在膨胀阀与蒸发器之间的管路外壁设有除霜开关的传感器，其工作原理如图 2-34 所示。当温度达到 0℃时，波纹管（图中未画出）收缩，除霜开关接通继电器的电磁线圈电路，线圈产生电磁力，使继电器开关断开，压缩机停止工作；直到蒸发器温度上升到一定值后，除霜开关断开，继电器开关闭合，压缩机重新工作。

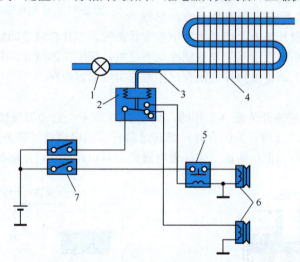

图 2-34　除霜开关的工作原理

1—膨胀阀；2—除霜开关；3—感温包；4—蒸发器；5—继电器开关；6—电磁离合器；7—空调开关（A/C）

三、空调系统控制电路

（一）手动空调控制电路

1. 桑塔纳 2000 轿车手动空调控制电路

如图 2-35 所示，桑塔纳 2000 轿车手动空调控制电路由鼓风机开关、空调开关、蒸发器温控开关、冷却风扇热敏开关、环境温度开关、水温开关、组合开关、压缩机切断继电器、空调继电器、空调控制器、压缩机电磁离合器、新鲜空气电磁阀、左冷却风扇、右冷却风扇等组成。

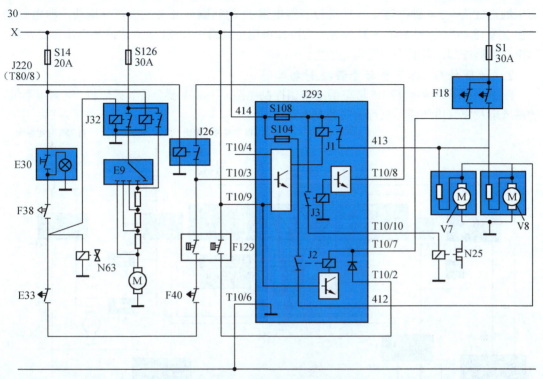

图 2-35　手动空调控制电路

E9—鼓风机开关；E30—空调开关；E33—蒸发器温控开关；F18—冷却风扇热敏开关；F38—环境温度开关；

F40—水温开关；F129—组合开关；J26—压缩机切断继电器；J32—空调继电器；

J293—空调控制器；N25—压缩机电磁离合器；N63—新鲜空气电磁阀；V7—左冷却风扇电动机；

V8—右冷却风扇电动机；S1、S14、S104、S108、S126—熔丝；J1、J2、J3—继电器；

T—插头（如 T10/9 含义为 10 针插头上的第 9 位）

（1）电磁离合器接合使压缩机工作的电路

当空调（A/C）开关闭合时，压缩机电磁离合器 N25 控制电路：空调开关 E30 闭合时电流经 S14 →空调开关 E30 →环境温度开关 F38 →蒸发器温控开关 E33 →水温开关 F40 →组合开关 F129 →压缩机切断继电器 J26 →继电器 J3 的线圈→搭铁，继电器 J3 的触点闭合，则电流经 30 线→继电器 J3 的触点→压缩机电磁离合器 N25 →搭铁，电磁离合器接合，压缩机工作。

（2）鼓风机工作电路

当点火开关置"ON"挡时，当空调继电器 J32 接通，使鼓风机低速运转。当 A/C 开关闭合时，可以操作鼓风机开关，使鼓风机能在其他挡位转速下运转。

（3）压缩机工作——冷却风扇低速挡电路

左、右冷却风扇低速挡控制电路：空调开关 E30 关闭控制继电器 J1 的线圈搭铁，电流经 S108 →继电器 J1 的触点→左、右冷却风扇调速电阻→电动机→搭铁，左、右冷却风扇低速运转。

（4）压缩机工作——冷却风扇高速挡电路

左、右冷却风扇高速挡控制电路：组合开关 F129 高压触点闭合，电流经组合开关 F129

高压触点闭合（3-4 脚接通）→二极管→继电器 J2 的线圈→开关三极管→搭铁，继电器 J2 的触点吸合。电流经 S104 → J2 →左、右冷却风扇电动机→搭铁，左、右冷却风扇高速运转，加快冷凝器冷却，降低空调管路的压力。

2. 帕萨特 B5 轿车手动空调控制电路

图 2-36 所示为帕萨特 B5 轿车手动空调控制电路。下面主要分析其鼓风机、空调压缩机、散热风扇及空气内外循环执行器的控制电路。

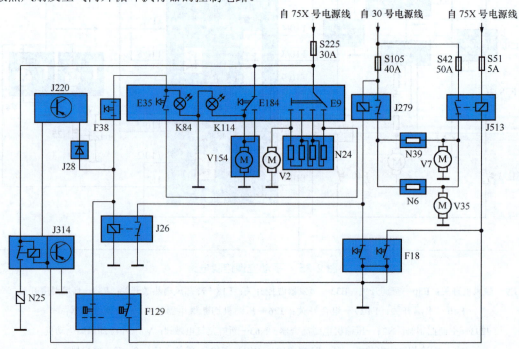

图 2-36　帕萨特 B5 轿车手动空调控制电路

E9—鼓风机开关；E35—A/C 开关；E184—空气内外循环开关；F129—空调压力开关；F18—热敏开关；F38—环境
温度开关；J220—发动机控制单元；J28—二极管；J26—散热风扇继电器；J314—空调关闭控制单元；
J279—散热风扇低速挡继电器；J513—散热风扇高速挡继电器；K84—A/C 开关指示灯；K114—空气内外循环
开关指示灯；N25—空调压缩机电磁离合器；N24—鼓风机电阻；N39、N6—电阻；V7、V35—散热风扇电动机；
V154—空气内外循环风门电动机；V2—鼓风机电动机；S42、S51、S105、S225—熔丝

（1）鼓风机控制电路

鼓风机的控制电路：75X 号电源→熔丝 S225 →鼓风机开关 E9 →鼓风机电阻 N24 →鼓风机电动机 V2 →搭铁。鼓风机开关 E9 在不同挡位时，电路中接入的鼓风机电阻 N24 的电阻值不同，从而使鼓风机以不同的转速运转。

（2）空调压缩机控制电路

空调压缩机控制电路可分成以下 4 部分进行分析。

① 75X 号电源→熔丝 S225 →鼓风机开关 E9（或再经鼓风机电阻 N24）→ A/C 开关 E35 → A/C 开关指示灯 K84 →搭铁。当鼓风机开关 E9 处于任一挡位（除关闭挡），按下 A/C 开关 E35 时，A/C 开关指示灯 K84 点亮。

② 75X 号电源→熔丝 S225 →鼓风机开关 E9（或再经鼓风机电阻 N24）→ A/C 开关 E35

→环境温度开关 F38 →二极管 J28 →发动机控制单元 J220 →空调关闭控制单元 J314。

发动机控制单元 J220 通过此电路接收空调请求信号（A/C 开关信号），接着根据发动机的工作状况控制发动机转速（如在怠速状态下，先提高发动机转速），然后向空调关闭控制单元 J314 发送开启空调的确认信号。当环境温度低于 5℃时，环境温度开关 F38 断路，发动机控制单元 J220 将接收不到 A/C 开关信号。

③ 75X 号电源→熔丝 S225 →鼓风机开关 E9（或再经鼓风机电阻 N24）→ A/C 开关 E35 →环境温度开关 F38 →空调压力开关 F129 →空调关闭控制单元 J314。

空调关闭控制单元 J314 通过此电路接收空调压力开关 F129 接通信号，若空调压力低于 0.2 MPa 或高于 3.2 MPa，空调压力开关 F129 断路，空调关闭控制单元 J314 将无法接收空调压力开关 F129 接通信号。

④ 75X 号电源→熔丝 S225 →空调关闭控制单元 J314 →空调压缩机电磁离合器 N25 →搭铁。

空调关闭控制单元 J314 只有从发动机控制单元 J220 接收到开启空调的确认信号，并从空调压力开关 F129 接收到常闭触点的接通信号，才会控制接通空调压缩机电磁离合器 N25 的电路，使空调压缩机电磁离合器 N25 吸合，空调压缩机开始工作。

（3）散热风扇控制电路

① 未接通 A/C 开关 E35 时，散热风扇由热敏开关 F18 控制。当冷却液温度低于 91℃时，热敏开关 F18 触点断开，散热风扇不工作。

◆ 当冷却液温度达到 92 ～ 97℃时，热敏开关 F18 的一对触点闭合，使散热风扇低速挡继电器 J279 工作，散热风扇电动机 V7 和 V35 低速运转，其电路：30 号电源→熔丝 S105 →散热风扇低速挡继电器 J279 →热敏开关 F18 →搭铁；30 号电源→熔丝 S105 →散热风扇低速挡继电器 J279 →电阻 N39、N6 →散热风扇电动机 V7、V35 →搭铁。

◆ 当冷却液温度达到 99 ～ 105℃时，热敏开关 F18 的另一对触点闭合，使散热风扇高速挡继电器 J513 工作，散热风扇电动机 V7 和 V35 高速运转，其电路：75X 号电源→熔丝 S51 →散热风扇高速挡继电器 J513 →热敏开关 F18 →搭铁；30 号电源→熔丝 S42 →散热风扇高速挡继电器 J513 →散热风扇电动机 V7、V35 →搭铁。

② 接通 A/C 开关 E35 后，散热风扇由热敏开关 F18 和空调压力开关 F129 共同控制。

◆ 接通鼓风机开关 E9、A/C 开关 E35 后，散热风扇继电器 J26 工作，使散热风扇低速挡继电器 J279 也工作，散热风扇电动机 V7 和 V35 低速运转，其电路：75X 号电源→熔丝 S225 →鼓风机开关 E9（或再经鼓风机电阻 N24）→ A/C 开关 E35 →环境温度开关 F38 →散热风扇继电器 J26 →搭铁；30 号电源→熔丝 S105 →散热风扇低速挡继电器 J279 →散热风扇继电器 J26 →搭铁；30 号电源→熔丝 S105 →散热风扇低速挡继电器 J279 →电阻 N39、N6 →散热风扇电动机 V7、V35 →搭铁。

◆ 空调压缩机工作后，若空调压力高于 1.6 MPa，空调压力开关 F129 的一对常开触点闭合，散热风扇高速挡继电器 J513 工作，散热风扇电动机 V7 和 V35 高速运转，其电路：75X 号电源→熔丝 S51 →散热风扇高速挡继电器 J513 →空调压力开关 F129 →搭铁；30 号电源→熔丝 S42 →散热风扇高速挡继电器 J513 →散热风扇电动机 V7、V35 →搭铁。

（4）空气内外循环执行器的控制电路

帕萨特 B5 轿车手动空调的混合风门和模式风门的执行器均是拉索式的，而空气内外循环风门执行器是电动机式的，其控制电路：75X 号电源→熔丝 S225 →空气内外循环开关 E184 →空气内外循环风门电动机 V154 →搭铁。

（二）自动空调控制电路

1. 帕萨特 B5 轿车自动空调控制电路

帕萨特 B5 轿车自动空调控制电路如图 2-37 所示。

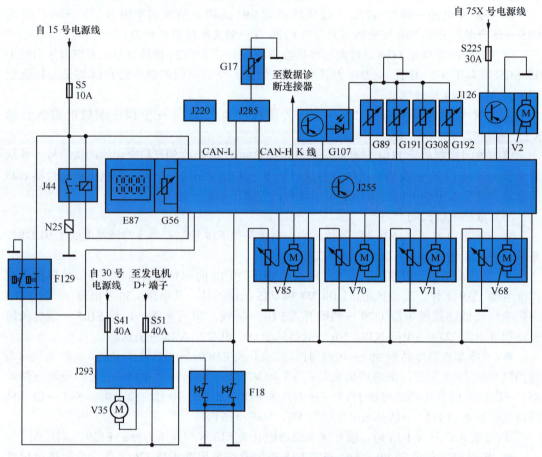

图 2-37 帕萨特 B5 轿车自动空调控制电路

E87—自动空调操作和显示单元；F129—空调压力开关；F18—热敏开关；G56—车内温度传感器；G17—环境温度传感器（车外温度传感器）；G107—阳光传感器；G89—新鲜空气进口通道温度传感器；G191—中央通风温度传感器；G308—蒸发器表面温度传感器；G192—脚部通风温度传感器；J44—空调压缩机电磁离合器继电器；J220—发动机控制单元；

J285—组合仪表控制单元；J255—自动空调控制单元；J126—鼓风机调速模块；J293—散热风扇控制单元；

N25—空调压缩机电磁离合器；V2—鼓风机电动机；V85—脚部 / 除霜风门电动机；V70—中央风门电动机；

V71—空气内外循环风门电动机；V68—混合风门电动机；V35—散热风扇电动机

帕萨特 B5 轿车自动空调控制单元 J255 具有自诊断功能，用故障检测仪可以通过 K 线读取自动空调控制单元 J255 内存储的数据，以供诊断自动空调故障时参考。下面介绍其鼓风机、空调压缩机、散热风扇及各风门执行器的控制电路。

（1）空调压缩机的控制电路：自动空调控制单元 J255 通过各开关及传感器的信号确定

允许空调压缩机工作后，控制空调压缩机电磁离合器继电器 J44 工作，空调压缩机电磁离合器 N25 吸合，空调压缩机开始工作。

（2）鼓风机的控制电路主要由鼓风机调速模块 J126、鼓风机电动机 V2 及自动空调控制单元 J255 组成。根据驾驶员手动设定的温度、室内温度、环境温度及光照强度等信号，自动空调控制单元 J255 向鼓风机调速模块 J126 输出占空比控制信号，通过控制鼓风机电动机 V2 电流的大小实现对鼓风机转速的控制。

（3）散热风扇的控制电路：散热风扇控制单元 J293 根据空调压力开关 F129 和热敏开关 F18 的信号控制散热风扇电动机 V35 的转速。

（4）各风门执行器的控制电路：自动空调的所有风门执行器均为电动机式，自动空调控制单元 J255 根据各传感器信号可自动控制各风门的位置。

2. 丰田威驰轿车空调控制电路

丰田威驰轿车空调控制电路如图 2-38 所示。

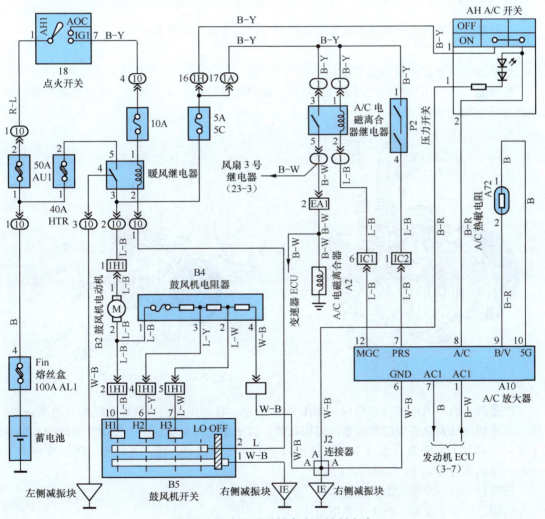

图 2-38　丰田威驰轿车空调控制电路

┈┈┈┈┈┈┈┈┈┈┈┈┈┈┈┈ ▫ 项目实施 ▫ ┈┈┈┈┈┈┈┈┈┈┈┈┈┈┈┈

操作一 **空调压缩机的拆卸**

步骤一 从系统内排出制冷剂。

步骤二 拆下 V 带（压缩机到曲轴 V 带轮）。

步骤三 断开制冷剂吸入管和排出管，如图 2-39 所示。拆下固定螺栓，从压缩机和电磁离合器上断开制冷剂吸入管和排出管，从制冷剂吸入管和排出管拆下 O 形圈（也称 O 形环）。

提示

用聚氯乙烯胶带密封所有断开部分的开口，以防水分和异物进入。

步骤四 拆下右侧发动机下盖。

步骤五 拆下压缩机和电磁离合器总成。断开接头，拆下 4 个螺栓、带电磁离合器的压缩机总成，如图 2-40 所示。

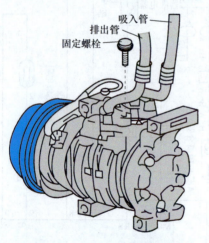

图 2-39　断开制冷剂吸入管

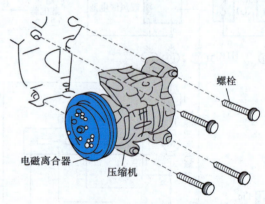

图 2-40　拆下压缩机总成

步骤六 拆下电磁离合器总成。如图 2-41 所示，在台虎钳上夹紧压缩机和电磁离合器，用鲤鱼钳垫块抹布夹住电磁离合器，用梅花扳手拆下电磁离合器。用卡簧钳（卡环钳）拆下卡簧（卡环）和电磁离合器转子，如图 2-42 所示。拆下螺钉，断开连接器，用卡簧钳拆下卡簧和电磁离合器定子，如图 2-43 所示。

步骤七 拆下空调控制线束总成。

步骤八 拆下支架，拆下压缩机总成。

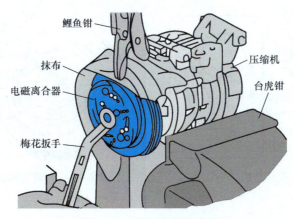

图 2-41　拆下电磁离合器

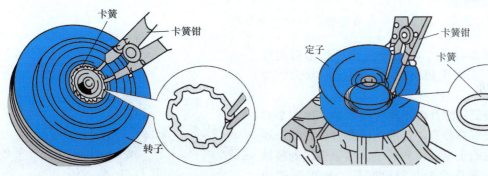

图 2-42　拆下卡簧和电磁离合器转子　　　　　图 2-43　拆下卡簧和电磁离合器定子

操作二 **空调压缩机的安装**

步骤一　安装电磁离合器总成。如图 2-44 所示，将电磁离合器定子安装到压缩机上。用卡簧钳安装新的卡簧，有斜角的面朝上，如图 2-45 所示。安装螺栓，连接接头。用卡簧钳安装电磁离合器转子和新的卡簧，有斜角的面朝上，如图 2-46 所示。安装离合器轮毂和垫片。

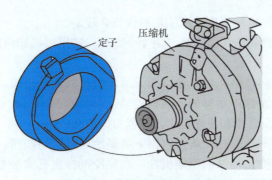

图 2-44　安装电磁离合器定子

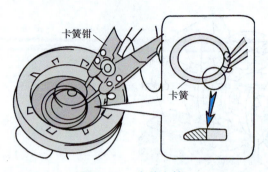

图 2-45　安装卡簧

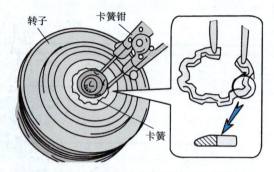

图 2-46　安装电磁离合器转子和卡簧

提示

在分解前，不要改变电磁离合器中的组合垫片。

如图 2-41 所示，用鲤鱼钳夹住电磁离合器轮毂，安装电磁离合器，螺栓拧紧力矩为 13 N·m。

步骤二　检查电磁离合器间隙，如图 2-47 所示。安装百分表，对准电磁离合器轮毂。连接蓄电池的正极引线到端子，负极引线到搭铁线。开、关离合器，测量间隙，标准间隙为 0.25 ～ 0.50 mm。如测量值超出标准值，则拆下电磁离合器轮毂，用垫片调整。

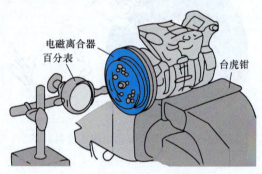

图 2-47　检查电磁离合器间隙

提示

调整垫片应不超过 3 个。

步骤三　检查压缩机机油，确认压缩机油位符合规定。

步骤四　安装压缩机和电磁离合器。用 4 个螺栓安装压缩机和电磁离合器，拧紧力矩为 25 N·m。连接好接头。

步骤五　安装制冷剂排出孔。从管口撕下缠裹的聚氯乙烯胶带，给新 O 形圈和压缩机以及电磁离合器的接触面涂上足够的压缩机机油，在制冷剂排出孔安装 O 形圈，用螺栓连接制冷剂排出孔到电磁离合器和压缩机上，拧紧力矩为 9.8 N·m。

步骤六　安装制冷剂吸入孔。从管口撕下缠裹的聚氯乙烯胶带，新 O 形圈和压缩机以及电磁离合器的接触面涂上足够的压缩机机油，在制冷剂排出孔安装 O 形圈，用螺栓连接制冷剂排出孔到电磁离合器和压缩机上，拧紧力矩为 9.8 N·m。

步骤七　安装、调整并充分紧固 V 带（压缩机到曲轴 V 带轮）。

步骤八　加注制冷剂，规定量为（420+30）g。

步骤九　发动机暖机。

步骤十　检查制冷剂是否泄漏。

操作三　电磁离合器的检测

步骤一　电磁离合器线圈电阻检测

当电磁离合器不能吸合时，用外接电源直接驱动电磁离合器，或用万用表检查电磁离合器线圈电阻，来确定电磁离合器是否有故障。电磁离合器线圈电阻检查方法如图 2-48 所示，电阻值应符合标准。

步骤二　电磁离合器转子与衔铁间隙检测

当电磁离合器打滑或干涉时，检查转子与衔铁之间的间隙，应确保在离合器断电时无碰擦、通电时无打滑（离合器刚接合时除外）。测量离合器间隙应使用非磁性塞尺，如图 2-49 所示。

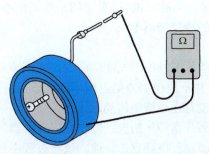

图 2-48　电磁离合器线圈电阻检测

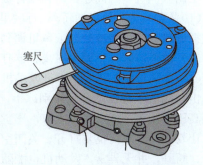

图 2-49　转子与衔铁间隙检查

操作四　环境温度开关的检测

步骤一　当环境温度低于10℃时，用万用表电阻挡检测环境温度开关的电阻值。若阻值为∞，则说明开关断开。

步骤二　将环境温度传感器从冰块中拿出，当环境温度高于10℃时，万用表显示有阻值，说明开关已闭合。

步骤三　若开关动作规律不符合上述情况，则说明传感器损坏。

操作五　鼓风机的检测

可采取外接电源直接驱动鼓风机的方法检测，也可以用万用表检查鼓风机线圈电阻，并与标准值对照，检查方法如图 2-50 所示。

操作六　蒸发器温控开关的检查

将蒸发器温控开关的传感器放入水中（开关不要浸入水中），当水温增加到 2℃时，开关应导通；当水温降到 0℃时，开关应断开。具体方法可参照"环境温度开关的检测"。

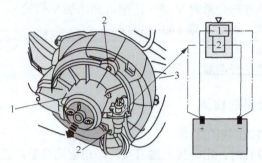

图 2-50　鼓风机的检测

1—鼓风机电动机；2—螺栓；3—线束插头

□ 维修实例 □

空调鼓风机调到高速挡、调温杆拨到最冷处，制冷效果仍较差。

（1）故障现象：桑塔纳轿车，行驶里程为 4.2 万千米。驾驶员说，该车空调系统工作不良，即便把调温杆拨到最冷处、鼓风机调到高速挡，吹出的冷风仍然不凉。

（2）故障原因：空调电磁离合器打滑。

（3）故障诊断与排除：掀开发动机舱盖，用细铁丝压下制冷剂充注单向阀，有制冷剂向外喷出，隔着手套都能感到特别冰手，感觉制冷系统并不缺少制冷剂。用手摸高低压管路，结果高压不太热，低压也不太凉，感觉好像是制冷剂没有在系统中流动起来。

让驾驶员在车内反复打开、关闭空调，观察电磁离合器动作情况。发现电磁离合器能够吸合、断开，并无异常，发动机也能随着空调的打开而自行提高怠速转速，过渡过程中的轻微抖动也与正常车一样。

由于"制冷系统不缺少制冷剂"这一判断是凭感觉得来的，不能作为判断依据，于是接上歧管压力表测试空调系统的高低压压力，结果符合要求，没有故障。再检查混风门的位置及开闭情况，混风门开闭自如，当调温杆拨到最冷处时，混风门也处在最冷位置，没有异常之处。

维修人员由于一时找不到故障原因，便坐在车内查阅资料（此时车辆怠速运转，开着空调），无意中发现发动机有怠速游车现象，发动机转速忽高忽低，且间隔时间比较长。据驾驶员讲，以前该车怠速一直很稳定，从无游车现象。

受此启发，下车观察空调压缩机电磁离合器动作情况，发现电磁离合器能吸合，但不能可靠传递动力，电磁离合器出现打滑现象，导致空调间歇工作，冷风不凉。

拆下电磁离合器的主、从动盘，发现接触面有拉伤的现象。经重新打磨电磁离合器的主、从动盘接触面后，装复试车，空调系统恢复正常，故障排除。

桑塔纳轿车压缩机电磁离合器因长时间使用，粉尘容易进入电磁离合器主、从动盘的间隙之间，造成接触面拉伤，使电磁离合器打滑、烧坏，直接影响压缩机的效果。其实多数可修复继续使用。拆下电磁离合器的主、从动盘，有条件的可以在磨床上把烧坏的接触面轻微地磨去，无条件的可以用砂布打磨其接触面，装配后效果很好。因此不需更换新件，造成不必要的浪费。

小 结

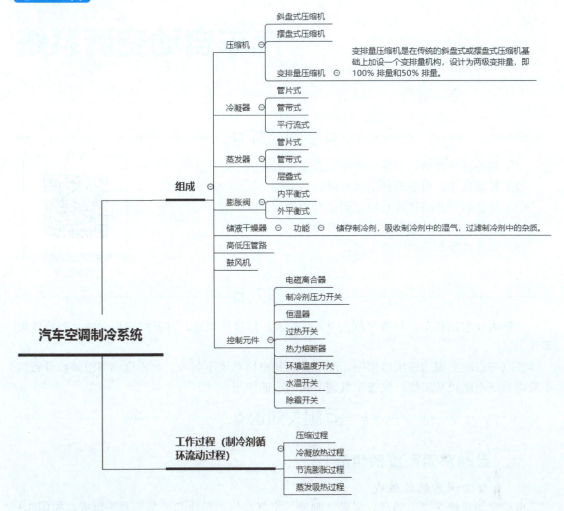

练习思考题

1. 组成汽车空调制冷系统的主要零件有哪些？
2. 简述空调制冷系统工作过程。
3. 简述变排量空调压缩机的结构及工作原理。
4. 冷凝器和蒸发器各有何作用？
5. 膨胀阀有何作用？其工作原理是怎样的？
6. 根据平衡方式不同，膨胀阀分为内平衡式和外平衡式两种（均为热力膨胀阀）。
7. 空调制冷系统的控制元件包括哪些零件？
8. 如何正确拆装空调压缩机？
9. 如何检测电磁离合器？
10. 如何检测环境温度开关？

项目三
汽车自动空调系统

⬦ 学习目标 ⬦

（1）熟悉汽车自动空调系统的组成及工作原理。
（2）熟悉汽车自动空调的通风原理。
（3）能够初步分析汽车自动空调故障的原因。
（4）掌握汽车自动空调系统的故障诊断。
（5）培养严谨细致的工作态度。

文档

培养严谨细致的
工作态度

⬦ 项目引入 ⬦

一辆大众宝来轿车，行驶里程为 9.7 万千米。驾驶员描述，打开空调后，感觉制冷效果不佳。

在汽车自动空调的使用过程中，经常会遇到空调系统不制冷、制冷量小等故障，导致汽车空调系统不能正常工作，失去空气调节和制冷的作用。

⬦ 相关知识 ⬦

一、自动空调系统的组成

1. 自动空调系统的组成

自动空调系统主要由通风、采暖、制冷、空气净化、操作和控制等系统组成，如图 3-1 所示，零件位置如图 3-2 所示。图 3-3 所示为 LS400 轿车自动空调系统的操作面板，各键的功能如表 3-1 所示。

2. 自动空调系统与手动控制空调系统的区别

自动空调系统是在手动控制空调系统的基础上，增加了控制系统；而操作系统与通风系统是在手动空调系统的基础上增加了各种伺服电动机，且操作系统有温度设定与选择开关。

3. 自动空调的控制系统

自动空调的控制系统由控制面板、传感器、空调 ECU 和执行器（执行元件）4 部分组成，各部分的功能如表 3-2 所示。

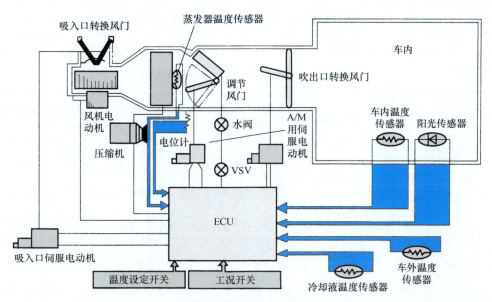

图 3-1　自动空调系统的组成

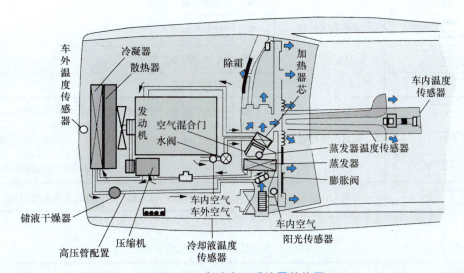

图 3-2　自动空调系统零件位置

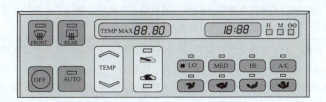

图 3-3　LS400 轿车自动空调系统的操作面板

表 3-1　　　　　　　　　　　　　　　LS400 轿车自动空调系统的操作面板各键的功能

键符	键名	功能
(OFF)	停止	关闭风机、压缩机及温度显示
AUTO	自动控制	将出风温度、风机转速、进气方式、送风方式和压缩机的控制设置成"自动模式"
TEMP	温度控制	每按一次，温度设定增加0.5℃，最高达32℃
		每按一次，温度设定降低0.5℃，最低达18℃
	进气方式控制	置于"车外新鲜空气导入"模式
		置于"车内空气循环"模式
	送风方式控制	置于"吹脸"模式
		置于"吹脸及脚"模式
		置于"吹脚"模式
		置于"吹脚及除霜"模式
		置于"除霜"模式
(LO)	风机转速控制	置于"低速"模式。若空调控制正常，则同时起动压缩机
(MED)		置于"中速"模式。若空调控制正常，则同时起动压缩机
(HI)		置于"高速"模式。若空调控制正常，则同时起动压缩机
(A/C)	空调工作指示	起动或关闭压缩机。若风机不转，则此键不起作用

表 3-2　　　　　　　　　　　　　　　　自动空调的控制系统各部分功能

组成部分	功能
控制面板	控制面板是驾驶员向自动空调ECU输入信息的设备
传感器	自动空调系统的传感器一般有驾驶员设定和功能选择信号、环境状态信号、空调风门位置信号、空调保护装置信号等4种类型
空调ECU和执行器	空调ECU（也称空调控制单元），它与控制面板制成一体，对输入的各种传感器信号和功能选择键的输入指令进行计算、分析、比较后，发出指令，控制各个执行器（如进气方式伺服电动机、空气混合伺服电动机和送风方式伺服电动机等）动作，从而控制压缩机的电磁离合器工作、暖风加热器热水阀工作及将模式门开到适当位置等

二、自动空调系统的工作过程

自动空调系统主要包括温度控制、鼓风机转速控制、送风方式控制、压缩机控制、进气模式控制等项目。下面介绍其工作过程。

1. 温度控制

温度控制的目的是使车内空气温度达到车内人员设定温度的要求，并保持稳定。如图 3-4 所示，自动空调系统的温度控制系统基本组成包括车内温度传感器、车外温度传感器、阳光传感器、蒸发器温度传感器、冷却液温度传感器、设定温度控制仪表、空调 ECU 和空气混合伺服电动机总成等。

ECU 根据控制仪表设定的温度和车内温度传感器、车外温度传感器及阳光传感器等信号，自动调节混合风门的位置。一般来说，阳光越强，车内、外温度越高，混合门就越接近"全冷"位置，ECU 根据车内、外温度控制空气混合风门的位置。

2. 鼓风机转速控制

鼓风机转速控制的目的是调节降温或升温速度，稳定车内温度。

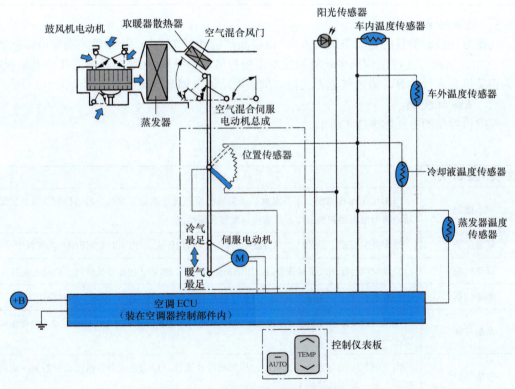

图 3-4 自动空调的温度控制系统

（1）自动控制

当按下"AUTO"键时，驾驶员用"TEMP"开关设定想要的温度，空调 ECU 根据输入信号（车内温度传感器、车外温度传感器和阳光传感器信号）和温度设定，自动调整鼓风机转速，若冷却液温度传感器检测到冷却液温度低于40℃，则空调ECU使鼓风机停止工作。

（2）手动模式控制

手动模式控制分为3种情况，即低速运转、中速运转和高速运转。控制方法如表3-3所示。

表3-3 手动模式控制的控制方法

手动模式控制	控制方法
低速运转	当按下"LO"（低速）键时，空调ECU控制继电器吸合，电流流经电动机及一个电阻后搭铁，鼓风机电动机以低速旋转
中速运转	当按下"MED"（中速）键时，空调ECU控制继电器吸合，同时空调ECU的端子间歇性地向功率管端子（基极）输入控制电流，使功率管间歇性导通，这样，鼓风机控制电流流经电动机后可以间歇性地经功率管搭铁。鼓风机转速取决于功率管的导通时间
高速运转	当按下"HI"（高速）键时，空调ECU的两个端子导通，控制继电器吸合，鼓风机控制电流经电动机和继电器触点后搭铁，电动机以高速旋转

3. 送风方式控制

气流方式控制的目的是调节送风方向，以提高舒适性。气流方式控制系统主要由传感器、空调ECU、气流方式控制伺服电动机和控制面板等组成。空调ECU将传感器和控制面板传来的相关信息进行计算，通过气流方式控制伺服电动机来调节气流的送风方向。

4. 压缩机控制

压缩机控制的方法如表3-4所示。

表3-4 压缩机控制的方法

压缩机控制的方法	说明
基本控制	ECU根据车内温度、车外温度、蒸发器温度和设定温度等参数，自动控制压缩机的通断，调节蒸发器表面温度，并防止蒸发器表面结冰
低温保护	当车外温度低于某值（如3℃或8℃）时，压缩机停止工作，以减少压缩机的损耗
高速控制	当发动机转速超过某转速值时，压缩机停止工作，以防止因压缩机转速过高而造成损坏
加速切断	当发动机处于急加速工况时，为了保证发动机有足够的动力，压缩机暂时停止工作
高温控制	当发动机冷却液温度超过某值（如109℃）时，压缩机停止工作，以防止发动机冷却液温度进一步上升
打滑保护	当压缩机卡死导致皮带打滑时，压缩机停止工作，以防止皮带负荷过大而断裂，进而影响水泵、发电机等的工作
低速控制	当发动机转速低于某转速（如600 r/min）时，压缩机停止工作，以防止发动机失速
低压保护	当制冷系统压力低于某定值时，压缩机停止工作，以防止压缩机在系统制冷剂不足的条件下工作，造成压缩机损坏
高压保护	当系统压力超过某值时，压缩机停止工作，以防止空调系统损坏

续表

压缩机控制的方法	说明
变排量压缩机的控制	变排量压缩机有全容量（100%）运转、半容量（50%）运转和压缩机停止3种工作模式。ECU根据空调系统冷气负荷的大小，控制压缩机的排量变化，以减少能量的浪费。变排量压缩机的控制系统主要有两种类型：一种是根据冷却液温度进行控制；另一种是根据蒸发器表面温度进行控制。 （1）根据冷却液温度进行控制的方法：当发动机冷却液温度过高时，ECU根据冷却液温度传感器信号，控制压缩机按半容量模式运转，以防止发动机过热；反之，当发动机冷却液温度低于某一值时，ECU控制压缩机按全容量模式运转，以满足制冷需要。 （2）根据蒸发器表面温度进行控制的方法：当蒸发器温度大于某一值（40℃）时，ECU控制压缩机按全容量模式运转，以降低蒸发器温度；当蒸发器表面温度低于某一值（40℃）时，ECU控制压缩机按半容量模式运转，以降低能耗；当蒸发器温度低于3℃时，ECU控制压缩机停止运转，以防止损坏压缩机

5. 进气模式控制

进气模式控制的目的是调节进入车内的新鲜空气量，使车内空气温度和质量达到最佳。

ECU 根据相关传感器的信息来确定进气模式，即将 RECIRC（车内循环）位移至 FRESH（车外新鲜空气），控制电路如图 3-5 所示。当 ECU 根据 T_{AO} 值接通 FRS 晶体管时，触点 B 搭铁，电流方向：点火开关→端子 1→电动机→触点 B→端子 3→FRS 晶体管→搭铁，此时电动机旋转，带动风门由 RECIRC（车内循环）位移至 FRESH（车外新鲜空气）位置。

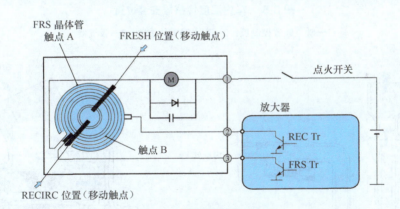

图 3-5　进气模式控制电路

该控制系统还有一种新鲜空气强制进气控制功能，当手动按下 "DEF" 开关（吹风窗玻璃开关）时，将进气方式强制转变为 FRESH 方式，以清除风窗玻璃上的雾气。除此之外，进气模式控制还可改变新鲜空气与循环空气的混合比例。

三、自动空调系统主要部件

1. 传感器

自动空调系统的传感器包括车内温度传感器、车外温度传感器、阳光传感器、蒸发器温度传感器、冷却液温度传感器、压缩机转速传感器、静电式制冷剂流量传感器和烟雾浓度传感器等。

（1）车内温度传感器

车内温度传感器一般安装在仪表板下面，安装位置如图 3-6 所示，其作用是检测车内空气温度，ECU 根据此信号控制出风口空气温度、鼓风机转速、气流方式和进气模式等。空调制冷时，车内温度越高，混合风门越向"冷"的方向移动，出风口的温度就越低，鼓风机的转速就越高，以快速降温（进气门就处于内循环位置，以加快降温）。

由于车内温度传感器安装位置较封闭，故为了准确及时地测量车内平均温度，必须采用强制通风装置将车内空气强制导向车内温度传感器。按强制导向气流方式不同，车内温度传感器可分为吸气器型车内温度传感器和电动机型车内温度传感器，两种传感器的结构分别如图 3-7 和图 3-8 所示。

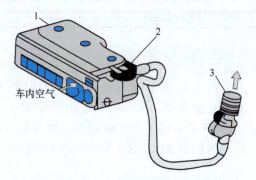

图 3-6　车内温度传感器安装位置

1—暖气装置控制板；2—车内温度传感器；3—吸气器

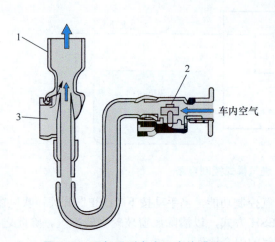

图 3-7　吸气器型车内温度传感器

1—吸气器；2—热敏电阻；3—暖气装置

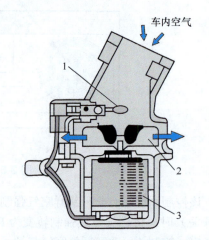

图 3-8　电动机型车内温度传感器

1—热敏电阻；2—风扇；3—电动机

（2）车外温度传感器

车外温度传感器一般位于车的前部，安装位置如图 3-9 所示。其作用是检测车外环境温度，ECU根据此信号控制出风口空气温度、鼓风机转速、气流方式和进气模式等。空调制冷时，车外温度越高，混合风门越向"冷"的方向移动，出风口温度越低，鼓风机的转速就越高，以加快降温（进气门就处于内循环位置，以加快降温）。

车外温度传感器

图3-9　车外温度传感器的安装位置

（3）阳光传感器

阳光传感器也称太阳能传感器、光照传感器等，安装在驾驶室内风窗玻璃下面、仪表板上方容易接受阳光照射的位置，如图3-10所示。其作用是检测阳光强弱，修正混合风门的位置与鼓风机的转速。当阳光增强时，混合风门移向"冷"侧，鼓风机转速提高；反之，当阳光减弱时，混合风门移向"热"侧，鼓风机转速降低。

阳光传感器

图3-10　阳光传感器

（4）蒸发器温度传感器

蒸发器温度传感器，也称蒸发器出口温度传感器，安装在蒸发器的表面。温度传感器的工作环境温度为 $-20 \sim 60℃$。温度传感器是负温度系数的热敏电阻，当温度升高时，温度传感器的阻值减小；当温度降低时，温度传感器的阻值增加，利用温度传感器的这一特性来检测温度。

蒸发器温度传感器主要作用如下。

① 用于空调温度的控制，蒸发器温度传感器把温度检测用热敏电阻的信号与温度调整用控制电位器的信号在空调 ECU 内进行比较，确定对电磁离合器供电或断电。此外，蒸发器温度传感器还利用热敏电阻的信号，控制蒸发器温度，防止蒸发器表面结冰。

② 检测蒸发器表面的温度，修正混合风门位置，调节车内温度。有些车型有两个蒸发器温度传感器，一个用来修正混合风门位置，另一个用来防止蒸发器表面结冰。

（5）冷却液温度传感器

冷却液温度传感器直接安装在暖风水箱底部的水道上，如图 3-11 所示，其作用是检测暖风装置加热器的温度、修正混合风门位置及控制压缩机和鼓风机。

（6）压缩机转速传感器

压缩机转速传感器安装在压缩机壳体上。其作用是检测压缩机的转速并送到空调 ECU 或空调控制器，再与发动机转速进行比较，判断压缩机皮带是否打滑或断裂。当压缩机皮带打滑或断裂时，空调 ECU 或空调控制器控制压缩机停转，以防止损坏压缩机。

（7）静电式制冷剂流量传感器

静电式制冷剂流量传感器安装在储液干燥器和膨胀阀之间。静电式制冷剂流量传感器的结构如图 3-12 所示。其作用是检测制冷剂流量，当制冷剂流量发生变化时，传感器以频率信号输入空调 ECU，空调 ECU 根据此信号判断制冷剂流量是否正常。当出现异常时，则利用监控系统进行报警。

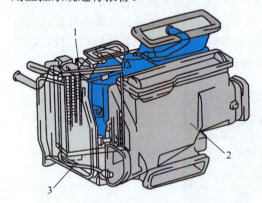

图 3-11　冷却液温度传感器安装位置

1—加热器；2—暖风装置；3—冷却液温度传感器

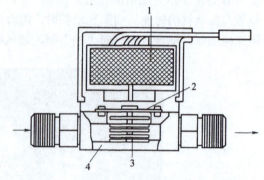

图 3-12　静电式制冷剂流量传感器的结构

1—电路；2—玻璃环氧板；3—电极；4—外壳

（8）烟雾浓度传感器

烟雾浓度传感器用来检测车内的烟雾，通过空调 ECU 可使空气交换器在有烟雾时自动运转，没有烟雾时自动停止，总能保持车内空气清新。一般车型采用光电型散射光式烟雾浓度传感器。

如图 3-13 所示，烟雾浓度传感器由发光元件、光敏元件及信号处理电路部分组成，通过细缝的空气可自由流动，发光元件间歇地发出红外线，在没有烟雾的情况下，红外线射不到光敏元件上，电路不工作；当烟雾等进入传感器内部时，烟雾粒子对间歇的红外线进行漫反射，就有红外线射到光敏元件上，这时空调 ECU 判断出车内有烟雾，就会使鼓风机电动机旋转。

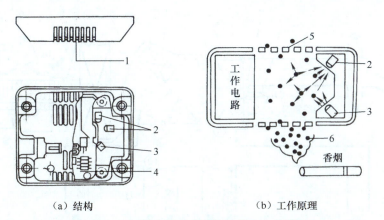

（a）结构　　　　　　　　　　（b）工作原理

图 3-13　烟雾浓度传感器的结构及工作原理

1—烟雾进口；2—光敏元件；3—发光元件；4—信号处理电路部分；5—细缝；6—烟粒子

2．执行器

自动空调系统的执行器（执行元件）主要包括伺服电动机、风机及压缩机电磁离合器等。图 3-14 所示为 LS400 轿车伺服电动机的安装位置，图 3-15 所示为伺服电动机控制的各种风门的位置，表 3-5 所示为送风方式与各种风门的位置关系。

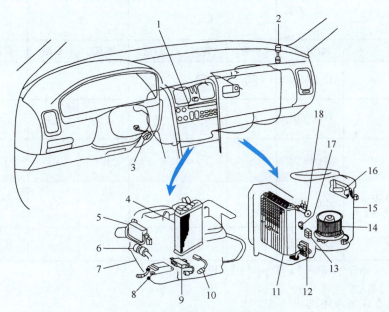

图 3-14　伺服电动机的安装位置

1—空调器控制部件；2—阳光传感器；3—车内温度传感器；4—取暖器散热器；5—气流方式伺服电动机（送风方式伺服电动机）；6—抽风机；7—取暖器组件；8—最冷控制伺服电动机；9—空气混合伺服电动机部件；

10—冷却液温度传感器；11—蒸发器；12—功率管；13—继电器；14—送风机电动机；

15—冷却和送风机组件；16—进气方式伺服电动机部件；

17—送风机电阻；18—膨胀阀

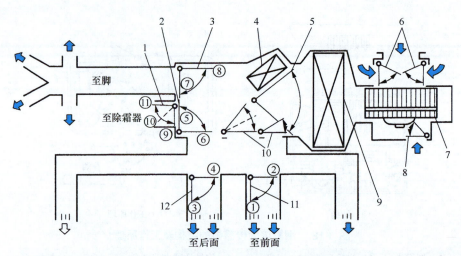

图 3-15　伺服电动机控制的各种风门的位置

1—除霜器风门；2—通风口风门；3—热风门；4—取暖器散热器；5—空气混合风门；6、8—进气风门；

7—送风机电动机；9—蒸发器；10—最冷控制风门；11—中央通风口风门；12—后通风口风门

表 3-5　　　　　　　　　送风方式与各种风门的位置关系

通风口 \ 方式		通风口			热		除霜器	
方式	风门位置	中央	侧面	后面	前面	后面	前面	侧面
脸	①③⑤⑦⑨	○	○	○				
脸和脚	①②⑤⑧⑨	○	○	○	○	○		
脚	②④⑥⑧⑨		○		○	○	○	○
脚/除霜器	②④⑥⑧⑩		○		○	○	○	○
除霜器	②④⑥⑦⑪		○		○		○	○

注：圆圈大小表示空气流量大小。①～⑪位置如图 3-15 所示。

（1）进气方式伺服电动机

进气方式伺服电动机控制进气方式，其结构如图 3-16 所示。电动机的转子经连杆与进气风门相连，当驾驶员使用进气方式控制键选择"车外新鲜空气导入"或"车内空气循环"模式时，空调 ECU 即控制进气风门伺服电动机带动连杆顺时针或逆时针旋转，从而带动进气风门闭合或开启，以达到改变进气方式的目的。该伺服电动机内装有一个电位计，它随电动机转子转动，并向空调 ECU 反馈电动机活动触点的位置情况。

进气方式伺服电动机与空调 ECU 的连接电路如图 3-17 所示。

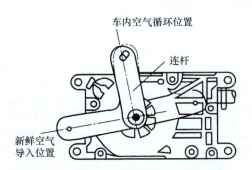

图 3-16　进气方式伺服电动机的结构

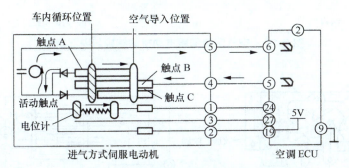

图 3-17　进气方式伺服电动机的连接电路

电路分析如下。

① 当按下"车外新鲜空气导入"键时，电路为：空调 ECU 端子 5 → 伺服电动机端子 4 → 触点 B → 活动触点 → 触点 A → 电动机 → 伺服电动机端子 5 → 空调 ECU 端子 6 → 空调 ECU 端子 9 → 搭铁。此时伺服电动机转动，带动活动触点、电位计触点及进气风门转动，新鲜空气通道开启。当活动触点与触点 A 脱开时，电动机停止转动，空调进气方式被设定在"车外新鲜空气导入"状态，车外空气被吸入车内。

② 当按下"车内空气循环"键时，电路为：空调 ECU 端子 6 → 伺服电动机端子 5 → 电动机 → 触点 C → 活动触点 → 触点 B → 伺服电动机端子 4 → 空调 ECU 端子 5 → 空调 ECU 端子 9 → 搭铁。此时伺服电动机转动，带动活动触点、电位计触点及进气风门向反方向转动，关闭新鲜空气入口，同时打开车内空气循环通道，使车内空气循环流动。

③ 当按下"自动控制"键时，空调 ECU 首先计算出所需要的出风温度，并根据计算结果自动改变进气方式伺服电动机的转向方向，从而实现进风方式的自动调节。

（2）空气混合伺服电动机

图 3-18 所示为空气混合伺服电动机结构及电动机内部电路。

当进行温度控制时，空调 ECU 首先根据驾驶员设置的温度及各传感器送入的信号，计算出所需要的出风温度，并控制空气混合伺服电动机连杆顺时针或逆时针转动，改变空气混合风门的开启角度，从而改变冷暖空气混合比例，调节出风温度，使其与计算值相符。

电动机内电位计的作用是向空调 ECU 输送空气混合风门的位置信号。

（3）送风方式控制伺服电动机

图 3-19 所示为送风方式控制伺服电动机结构及电动机内部电路。

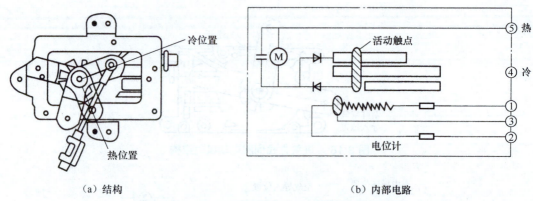

（a）结构　　　　　　　　　　　（b）内部电路

图 3-18　空气混合伺服电动机的结构与内部电路

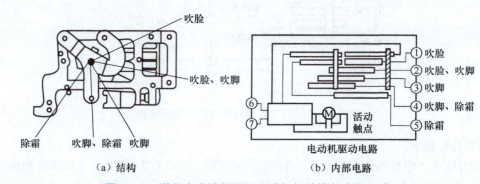

（a）结构　　　　　　　　　　　（b）内部电路

图 3-19　送风方式控制伺服电动机的结构与内部电路

当按下操作面板上的某个送风方式键时，空调 ECU 将电动机上的相应端子搭铁，由此电动机内的驱动电路使电动机连杆转动，并将送风控制风门转到相应的位置上，打开某个通道。

当按下"自动控制"键时，空调 ECU 根据计算结果，在与人脸、脚等几个位置自动改变送风方式。

（4）最冷控制伺服电动机

图 3-20 所示为最冷控制伺服电动机的结构及内部电路。

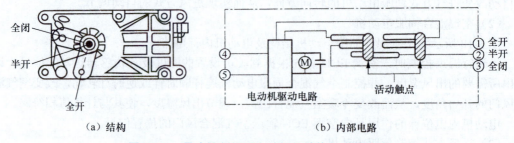

（a）结构　　　　　　　　　　　（b）内部电路

图 3-20　最冷控制伺服电动机的结构与内部电路

最冷控制伺服电动机的风门具有全开、半开和全闭 3 个位置。当空调 ECU 使某个位置的端子搭铁时，电动机驱动电路使电动机旋转，带动最冷控制风门置于相应位置上。

（5）变排量压缩机

变排量压缩机是在压缩机移动活塞的旋转斜盘上增加了一个可变排量机构，空调 ECU 根据冷却液温度传感器信号确定是否给可变排量机构的电磁线圈通电，从而控制压缩机的容量。

3. 空调 ECU

空调 ECU 与操作面板制成一体，它对各种传感器输入的信号和功能选择键输入的指令进行计算、分析、比较后，发出指令，控制各个执行元件动作，使车内温度、空气流动状况等始终保持在驾驶员设定的水平上，极大地简化了操作，该系统主要用在高级轿车空调上。空调 ECU 的功能如表 3-6 所示。

表 3-6　　　　　　　　　　　　　　　　　空调 ECU 的功能

功能	说明
空调控制	空调控制包括温度自动控制、风量控制、运转方式给定的自动控制、换气量控制等，满足车内空调对舒适性的要求
节能控制	节能控制包括压缩机运转控制、换气量的最适量控制以及随温度变化的换气切换、自动转入经济运行、根据车内外温度自动切断压缩机电源等
故障、安全报警	故障、安全报警包括制冷剂不足报警、制冷压力高或低报警、离合器打滑报警、各种控制器件的故障判断报警等
故障诊断存储	汽车空调系统发生故障，ECU 将故障部位用代码的形式存储起来，在需要修理时指示故障的部位
显示	显示包括显示给定的温度、控制温度、控制方式和运转方式的状态等

四、自动空调系统的故障诊断

自动空调系统具有故障自诊断功能，有的车型用故障诊断仪进行操作，有的车型如丰田凌志 LS400 轿车的自动空调系统诊断操作可直接在空调器控制按钮上进行，故障码在温度显示屏处输出。如果在空调器运转中出现压缩机同步传感器电路开路或制冷剂不足，则空调器控制总成上的 A/C 开关指示器灯便开始闪烁。当这种情况发生时，将显示压缩机同步传感器电路的故障码 22 和空调器制冷剂不足的故障码 Normal，即表明空调器有故障。

1. 自动空调系统故障自诊断

凌志 LS400 轿车自动空调系统诊断检查状态的操作方法如图 3-21 所示。

（1）指示器检查

① 将点火开关置于"ON"位置，并同时按下空调器控制"AUTO"开关和"REC"开关。

② 查看所有指示器灯，在 2s 间隔内，其应连续闪亮 4 次。

③ 在第②步指示器灯亮时，察听蜂鸣器声音。

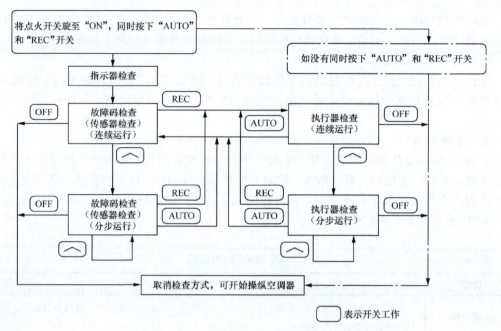

图 3-21　诊断检查状态的操作方法

提示

◆ 指示器检查结束后，故障码检查便自动开始。

◆ 如要取消检查状态，则按下"OFF"开关。

（2）故障码检查

① 进行指示器检查。指示器检查完毕后，该系统即自动进入故障码检查状态。

② 读出仪表板温度显示屏上显示的故障码，并根据故障诊断仪所提示的故障部位进行检查排除。如要慢慢显示，则可按"UPA"开关，将其改成步进运转。每按动一次"UPA"开关，改变一次显示。

提示

◆ 如果读出一个故障码蜂鸣器就响了，则表明该故障码所指示的故障继续发生。

◆ 如果读出一个故障码蜂鸣器未响，则表明该故障码所指示的故障早已发生（如插接器接触不良）。

◆ 如果环境温度为 -30℃或更低，即使该系统工作正常，则仍然可能输出故障码。

◆ 故障码由最小到最大，依次显示。

◆ 如果是在光线暗的地方进行检查，则可能显示故障码 21（阳光传感器不正常）。对比检查时，应用灯光（如检查灯）照射阳光传感器进行检查。如用灯光照射进行检查，仍然显示故障码 21，则可能是阳光传感器有故障，应予检修或更换。

③仅在发生现时故障时，才显示压缩机同步传感器电路开路或短路（故障码22）。

为了验证故障码22，可按下述步骤进行。

◆ 使发动机运转，并进入故障码检查状态。

◆ 按下"REC"开关，进入执行器检查状态，并将显示内容中的第3步设定为"运转"。

◆ 按下"AUTO"开关，回到故障码检查状态。

◆ 约3s后，显示故障码。

（3）故障码

凌志LS400轿车自动空调系统的故障码如表3-7所示。

表 3-7　　　　　　　　　凌志 LS400 轿车自动空调系统的故障码

故障码	故障部位
00	正常
11	车内温度传感器电路开路或短路
12	车外温度传感器电路开路或短路
13	蒸发器温度传感器电路开路或短路
14	冷却液温度传感器电路开路或短路
21①	阳光传感器电路开路或短路
22①	压缩机同步传感器电路开路或短路
31	空气混合风门位置传感器电路开路或短路
32	进气风门位置传感器电路开路或短路
33	空气混合风门位置传感器电路开路； 进气方式伺服电动机电路开路或短路； 空气混合伺服电动机锁住
34	进气风门位置传感器电路开路； 进气方式伺服电动机电路开路或短路； 进气方式伺服电动机锁住

　① 仅在发生现时故障时，阳光传感器和压缩机同步传感器开路才能被检测出来。其他故障码在现时故障（蜂鸣器发出声音）和过去故障（蜂鸣器不发出声音）时，均可检测出来。

（4）清除故障码

①取出2号接线盒中的熔丝10 s以上，从存储器中清除故障码。

② 重新装回熔丝，并确认输出正常代码。

（5）执行器检查

① 进入传感器检查状态后，按动"REC"开关。

② 由于从温度显示 20℃开始，每隔 1s，便按顺序自动运转每个风门、电动机和继电器，所以可用肉眼与手检查温度和空气流量。如要慢慢显示，则可按动"UP"开关，改成步进运转。每按动一次"UP"开关，改变一次显示。

2. 自动空调控制电路

电路控制系统比较复杂，不同类型的自动空调控制差别较大，但其控制电路可按照电路功能和输入 / 输出原则进行划分。

（1）按电路功能划分

如图 3-22 所示，按电路功能划分，控制电路可分为温度自动控制电路、进气模式控制电路、送风模式控制电路、鼓风机控制电路、冷却风扇控制电路和压缩机控制电路等，可根据各自的控制电路进行具体分析。

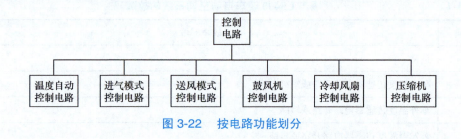

图 3-22　按电路功能划分

（2）按输入 / 输出原则划分

如图 3-23 所示，按输入 / 输出原则划分，控制电路可分为电源电路、输入信号电路、执行器电路和控制器电路等，可根据各自的控制电路进行具体分析。

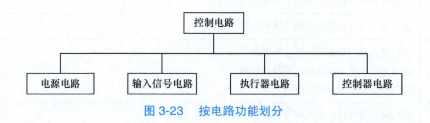

图 3-23　按电路功能划分

□ 项目实施 □

以下操作都是以 LS400 轿车自动空调为例进行分析，并对电源电路、输入信号电路和空调执行器电路进行检修。其中，输入信号电路的检修就是对阳光传感器、车内温度传感器、车外温度传感器等进行检测，空调执行器电路的检修就是对鼓风机电路和各伺服电动机等相关执行器电路进行检测。LS400 轿车自动空调的控制电路如图 3-24 所示。

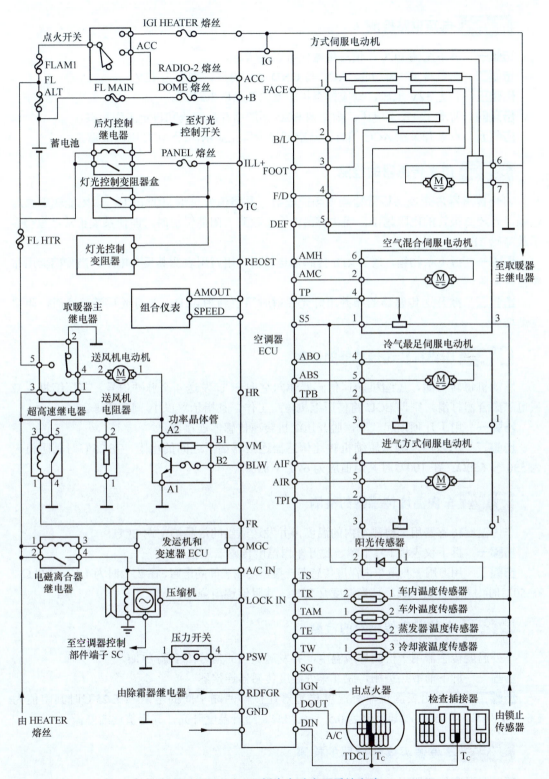

图 3-24　LS400 轿车自动空调系统电路

操作一 电源电路检测

步骤一 拆下空调 ECU，使连接器保持连接状态。

步骤二 测量端子 +B、IG、ACC 与 GND 间的电压，均应为 12V。

步骤三 若无 12V 电压，则应检查相应熔丝及供电电路。

步骤四 若端子 +B 无电压，则空调 ECU 不能储存故障码和设定工作状态。

步骤五 点火开关在 ACC 挡时，若空调显示器无显示，即 ACC 电源故障。

操作二 阳光传感器的检测

阳光传感器内光控二极管检测太阳能辐射，并将信号传给空调 ECU。太阳能辐射强度越强，光控二极管的电阻越小，当传感器没有接收到太阳能辐射时，即使系统正常，也会显示故障码 21。

步骤一 拆下杂物箱，脱开阳光传感器连接器，用万用表测其反向电阻，当传感器用布蒙住时，阻值为无穷大。

步骤二 掀开遮传感器的布并用灯光照射时阻值约为 4kΩ，当灯光逐渐移开时，阻值逐渐增大。

操作三 压缩机转速传感器的检测

发动机每转一圈，压缩机转速传感器便向空调 ECU 发送 4 个脉冲信号。若压缩机皮带或电磁离合器打滑，空调 ECU 将使压缩机停止工作，且指示器以 1s 间隔闪烁。

步骤一 用千斤顶顶起汽车，脱开压缩机转速传感器连接器。

步骤二 用万用表测量压缩机转速传感器连接器端子之间的电阻，在 25℃时其阻值应为 530 ～ 650Ω；在 100℃时其阻值应为 670 ～ 890Ω。

操作四 车内温度传感器的检测

车内温度传感器用于检测车内的温度，并发送适当的信号给空调 ECU。

步骤一 拆下仪表板 1 号下罩，脱开车内温度传感器连接器。

步骤二 用万用表测量车内温度传感器连接器两端子间的电阻，在 25℃时为 1.6 ～ 1.8kΩ；在 50℃时为 0.5 ～ 0.7 kΩ，且当温度升高时，其阻值逐渐降低。

操作五 车外温度传感器的检测

车外温度传感器用于检测环境温度，并发送适当的信号给空调 ECU。

步骤一 拆下前散热护栅，脱开车外温度传感器连接器。

步骤二 用万用表测量车外温度传感器连接器两端子间的电阻，在 25℃时其阻值为 1.6 ～ 1.8 kΩ；在 50℃时其阻值为 0.5 ～ 0.7 kΩ。随着温度升高，其阻值逐渐降低。

操作六 蒸发器温度传感器的检测

蒸发器温度传感器用于检测冷却组件内的温度，发送适当的信号给空调 ECU。

步骤一 拆下蒸发器温度传感器。

步骤二 用万用表测量蒸发器温度传感器连接器两端子间的电阻，在25℃时其阻值为4.5～5.2 kΩ；在50℃时其阻值为2.0～2.7kΩ。随着温度升高，电阻逐渐降低。

操作七 冷却液温度传感器的检测

冷却液温度传感器用于检测冷却液温度，发送适当的信号给空调ECU。当发动机温度较低时，这些信号用于预热控制。

步骤一 拆下加热器组件和冷却液温度传感器。

步骤二 用万用表测量冷却液温度传感器连接器的端子1与3之间的电阻，在0℃时其阻值为1.56～17.5 kΩ；在40℃时其阻值为2.4～2.8 kΩ；在70℃时其阻值为0.7～1.0 kΩ。随着温度升高，电阻逐渐降低。

操作八 压力开关的检测

当制冷剂压力降得太低（系统压力低于0.22 MPa）或升得太高（系统压力高于2.7 MPa）时，压力开关将信号发送给空调ECU。当空调ECU收到这些信号时，输出信号给发动机和自动变速器ECU，通过"发动机和自动变速器ECU"断开压缩机继电器，并使电磁离合器断开。

步骤一 拆下右侧前照灯，脱开压力开关连接器。

步骤二 接通点火开关，将压力表连接到制冷系统。

步骤三 当制冷剂气体压力改变时，用万用表检查压力开关端子1与4之间的导通情况。若压力在正常范围内，压力开关不通，则为压力开关损坏。

操作九 鼓风机电路的检测

步骤一 打开风扇和空调，若鼓风机不转，则应检查加热器继电器。

步骤二 取下继电器并连接继电器端子4、5，鼓风机应转动。否则，如测量继电器端子1与3间有电压，则为继电器损坏。

步骤三 连接继电器端子4与5，若鼓风机不转，则为鼓风机电阻或电源故障。

步骤四 若鼓风机不能调速，则多为功率管（蒸发器组件内）损坏。

步骤五 若无高速，则为极高速继电器损坏。

操作十 空气混合伺服电动机及空气混合风门位置传感器电路的检测

空气混合风门位置传感器安装在空气混合伺服电动机内，用于检测空气混合风门的位置，并将信号送入空调ECU。空气混合伺服电动机及传感器电路不正常会引起无冷气、冷气不足等故障。

步骤一 拆下空调ECU，保持连接器处于连接状态。

步骤二 接通点火开关，改变设定温度，使空气混合风门起作用，并在每次改变设定温度时测量空调ECU连接器端子TPI与SG间的电压（最冷控制时为4V）。

步骤三 当设定温度升高时，电压值应按直线规律逐渐降低（暖气最足时为1V）。

步骤四 若不正常，则可取下加热器组件，脱开空气混合伺服电动机连接器，用万用表测量空气混合伺服电动机连接器端子 1 与 3 间的电阻，其正常值为 4.7～7.2 kΩ。

步骤五　当空气混合伺服电动机以正确顺序运转时，用万用表测量空气混合伺服电动机连接器端子 4 与 3 间的电阻，最冷控制时为 3.76～5.76 kΩ。

步骤六　当设定温度升高时，电阻值应按直线规律逐渐降低，暖气最足时为 0.94～1.44 kΩ。

操作十一　**进气方式伺服电动机及传感器电路的检测**

进气风门位置传感器安装在进气气方式伺服电动机组件内，用于检测进气风门的位置，并将测得的信号送入空调 ECU。

步骤一　接通点火开关，按下"REC/FRS"开关，改变新鲜空气和再循环之间的进气。

步骤二　测量进气方式伺服电动机运转时传感器端子 TPI 与 SG 间的电压，在 REC 侧时约为 4V。

步骤三　当进气伺服电动机从 REC 侧移到 FRS 侧时，电压值应按直线规律逐渐降低，在 FRS 侧时应为 1V。

步骤四　若不正常，则拆下加热器组件，脱开进气方式伺服电动机组件连接器，用万用表测量进气方式伺服电动机连接器端子 S5 与 SG（6 针连接器中端子 3 与 1）间的电阻，其正常值为 4.7～7.2 kΩ。

步骤五　当进气方式伺服电动机以正确顺序运转时，用万用表测量进气方式伺服电动机连接器端子 TPI 与 SG（6 针连接器中端子 2 与 1）之间的电阻，在 REC 侧时应为 3.76～5.76 kΩ。

步骤六　当进气方式伺服电动机从 REC 侧移到 FRS 侧时，电阻值应按直线规律逐渐降低，在 FRS 侧时应为 0.94～1.44 kΩ。端子 4 与 5 之间应导通。

操作十二　**送风方式伺服电动机电路的检测**

送风方式伺服电动机电路根据从 ECU 来的信号使伺服电动机运转，改变每个送风风门的位置。当"AUTO"开关接通时，ECU 按照设定温度自动在吹脸、脸与脚之间、脚等 3 种高度之间改变送风。当"AUTO"开关断开时，由手动开关选定某一位置。

步骤一　检修时先设定到执行器检查状态，按下"TEMP"开关，使其进入步进送风。

步骤二　再依次按该开关，检查气流送风变化情况，气流变化方式应按"吹脸最冷→脸→脸和脚→脚→脚和除霜器→除霜器"的顺序依次变化。

步骤三　如不依次变化，可取下加热器组件，脱开伺服电动机连接器，将电源正极连接到端子 6、电源负极连接到端子 7，然后再将电源负极依次接端子 1、2、3、4、5，工作方式也应按上述顺序变化，否则为送风方式伺服电动机损坏。

操作十三　**最冷控制伺服电动机电路的检测**

最冷控制伺服电动机按从 ECU 来的信号控制最冷控制风门在开、半开、关 3 个送风状态之间转换。当"AUTO"开关接通时，通风口处在吹脸位置，空调 ECU 控制该风门在开、半开和关位置。当在吹脚或脸和脚位置时，该风门一直关闭着。

步骤一　检修时可设定到执行器检查状态，按下"TEMP"开关，使其进入步进送风。

步骤二 再按"TEMP"开关，根据风量和风门运转噪声检查风门能否转换。

步骤三 如不能转换，可拆下加热器组件，脱开最冷控制伺服电动机连接器，将电源正极连接到端子 4，电源负极连接到端子 5，然后再将电源负极依次接端子 1、2、3，若风门位置不能转换，则为电动机组件损坏；若正常，则为配线或 ECU 损坏。

操作十四 压缩机电路的检测

空调 ECU 从端子 MGC 输出电磁离合器信号"ON"信号到发动机和自动变速器 ECU。当发动机和自动变速器 ECU 接到此信号时，它从端子 ACMG 传送一个信号，接通压缩机电磁离合器继电器，于是压缩机电磁离合器接通。空调 ECU 也通过端子 A/C IN 检测电源电压是否供应到电磁离合器上。

步骤一 拆下空调 ECU，保持连接器处于连接状态。

步骤二 接通点火开关，按下一个风扇转速控制开关。

步骤三 在空调开关接通或断开时，用万用表测量空调 ECU 连接器的端子 A/C IN 与车身搭铁之间的电压，其正常值：空调开关接通时，电压为蓄电池电压；空调开关断开时，电压为 0。

步骤四 再检查压缩机电磁离合器，脱开电磁离合器连接器，将电源正极导线连接到电磁离合器连接器端子上，电磁离合器应吸合，否则要修理或更换电磁离合器。

小 结

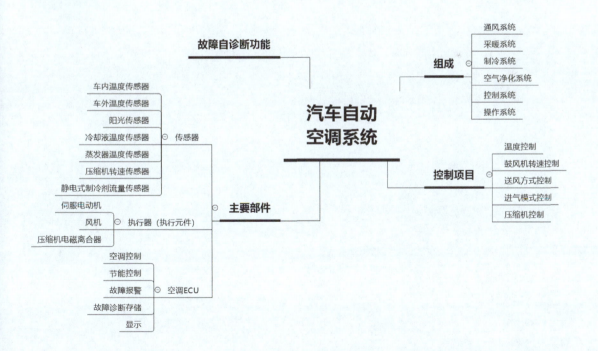

练习思考题

1. 简述自动空调系统与手动控制空调系统的区别。
2. 自动空调的控制系统由哪部分组成？
3. 自动空调系统有哪些控制方式？
4. 自动空调系统有哪些传感器？举例说明各传感器的作用。
5. 试举例说明自动空调系统的执行器（执行元件）的作用。
6. 空调 ECU 的功能有哪些？
7. 怎样检测压缩机电路？

汽车空调的采暖与通风系统

文档

厚植家国情怀

□ 项目引入 □

　　案例导入：一辆捷达轿车，行驶里程为 12.6 万千米。打开暖风开关后，鼓风机只在 4 挡运转，1 挡、2 挡、3 挡不工作。

　　该车的故障现象是典型的汽车空调采暖系统的故障。采暖系统也称为暖风系统，在汽车空调系统中，采暖是重要的功能之一。

□ 相关知识 □

一、采暖系统

（一）采暖系统的作用

汽车空调采暖系统的作用如表 4-1 所示。

表 4-1　　　　　　　　　　　　　　　采暖系统的作用

功用	说明
冬季取暖	在寒冷的冬季，汽车空调采暖系统可将车内空气或送入车内的外部新鲜空气加热，以提高车内空气温度
调节车内温度与湿度	现代汽车空调系统的空调器已采用冷暖一体化的形式，利用空调制冷系统和采暖系统，通过冷、热风的调和，可对车内的温度与湿度进行调节，以提高车内的舒适性
车窗玻璃除霜	在春季或冬季，由于车内、外温差较大，车窗玻璃会起雾和结霜，影响驾驶员的视线，不利于行车安全。这时，可通过采暖系统吹出热风来除霜、除雾

（二）采暖系统的类型

按热源不同，常见的汽车空调采暖系统可分为两种类型：余热水暖式采暖系统与独立热源式采暖系统。

1. 余热水暖式采暖系统

余热水暖式采暖系统是利用发动机冷却液对车内空气进行加热的。轿车的车内空间小，取暖需要的热量也少，所以一般都采用余热水暖式采暖系统。该系统的优点是设备简单、使用安全、运行经济，其缺点是热量小，且采暖受发动机工况的影响。

2. 独立热源式采暖系统

独立热源式采暖系统是利用独立的热源对车内空气或送入车内的外部新鲜空气加热。独立热源通常是燃烧汽油、柴油或煤油等燃料的燃烧器。独立热源式采暖系统可分水暖和气暖两种。大型客车常常采用独立热源式采暖系统。独立热源式采暖系统的优点是采暖不受发动机工况影响，发动机不工作时也可对车内供热。

> **提示**
>
> 独立热源式采暖系统通常是利用空气或水作为传热介质，因此，其主要类型有空气加热采暖系统和水加热采暖系统。

（三）余热水暖式采暖系统

1. 组成

余热水暖式采暖系统的组成如图 4-1 所示，主要由加热器、水泵、膨胀水箱、散热器、节温器、冷却风扇、鼓风机（图中未画出）以及空调控制面板（图中未画出）等部件组成。

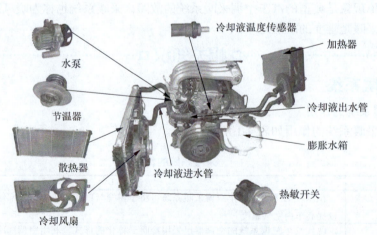

图 4-1　余热水暖式采暖系统的组成

2. 工作原理

余热水暖式采暖系统的工作原理：发动机冷却液温达到 80℃时，冷却系统中的节温器主阀门开启，使冷却液进行大循环。转动空调控制面板上的温度旋钮，改变暖风风门或暖风水阀的位置（有的车型如早期的桑塔纳轿车在节温器和加热器之间装有一个热水阀，需要采暖时，打开此热水阀），从发动机水套出来的热水流经节温器主阀门后，一部分流到供暖系统的加热器，另一部分流到散热器散热。进入加热器内的热水向加热器周围的空气传热，在鼓风机（见图 4-2）作用下，车内或外部新鲜空气经过加热器后，冷空气变成了热空气，热空气经通风管道的不同出风口被送入车内。从加热器流出的冷却液，由水泵吸入发动机的水套内，完成一次供暖循环。

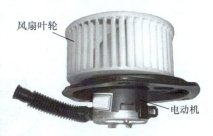

图 4-2　鼓风机

图 4-3 所示为大众迈腾轿车余热水暖式采暖系统通风管道风门布置。通过调整风门，可使暖风口吹入车内的热空气吹向人体脚部或胸部，以保证驾驶员和乘员感觉舒适。除霜风门向风窗玻璃吹送热空气，以防止风窗玻璃结霜或结雾。

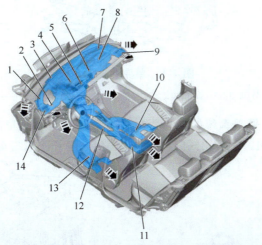

图 4-3　大众迈腾轿车余热水暖式采暖系统通风管道风门布置

1—左侧侧面出风口和侧窗玻璃出风口空气通道；2—驾驶员侧脚部空间出风口；3—风窗玻璃空气分配口；
4—中部通风空气通道；5—中部出风口；6—前排乘员侧脚部空间出风口；7—右侧侧面出风口和侧窗
玻璃出风口空气通道；8—暖风装置和空调；9—右侧侧面出风口；10—右侧乘员脚部空间出风口空气通道；
11—后排座椅出风口后部空气通道；12—后排座椅出风口前部空气通道；
13—后排左侧乘员脚部空间出风口空气通道；14—左侧侧面出风口

3. 采暖系统主要部件

（1）暖鼓风机总成

汽车空调采暖系统的主要部件是加热器和鼓风机，两者组合成一体称为暖鼓风机总成。余热水暖式采暖系统中装用的暖鼓风机分为两种：单独暖鼓风机和整体空调器。

① 单独暖鼓风机主要由加热器、鼓风机和外壳等组成，如图 4-4 所示。加热器的构造与蒸发器类似，也分管片式和管带式两种，使用的材料有铜质和铝质。采暖系统工作时，冷却液自下而上流过加热器，这样可防止空气或蒸汽存留在加热器内产生"气阻"。

提示

鼓风机实际就是一个风扇，它由电动机驱动。

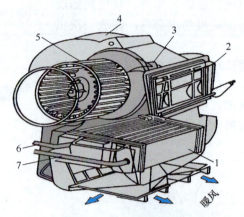

图 4-4　单独暖鼓风机

1—加热器芯；2—调节风门；3—风扇电动机；4—壳体；5—风扇叶轮；6—出水管；7—进水管

② 整体空调器是将采暖系统的加热器与制冷系统的蒸发器装在一个壳体内（壳体见图 4-5），共用一台鼓风机，两者用阀门（图中未画出）隔开，如图 4-6 所示。

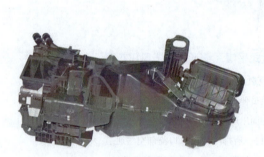

图 4-5　整体空调器壳体

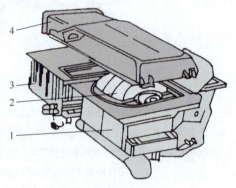

图 4-6　整体空调器

1—加热器；2—鼓风机；3—蒸发器；4—进风口

（2）热水阀

有的车型安装有热水阀，用来控制加热器的热水通道，热水阀安装在发动机与加热器之间的进水管中。根据控制方式不同，热水阀分为两种：拉绳控制阀和真空控制阀。

① 拉绳控制阀应用在手动空调系统中，由驾驶员通过温度选择开关来拉动拉绳，使热水阀开启或关闭，其结构如图 4-7 所示。

② 真空控制阀可用在自动空调系统中，也可用在手动空调系统中。真空控制阀的结构如图 4-8 所示，主要由活塞和真空驱动器（由图中的膜片、膜片复位弹簧等组成）等组成。真空驱动器的膜片左侧气室通大气，右侧气室为真空室，真空室装有膜片复位弹簧；需采暖时，将真空引至膜片右侧气室，在压差作用下，膜片克服弹簧力并带动活塞向右移动，热水阀开启；停止采暖时，释放膜片右侧气室真空，在复位弹簧作用下，膜片和活塞复位，热水阀关闭。真空源可由发动机进气管或真空罐提供。

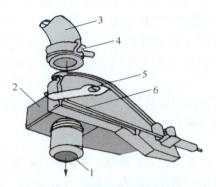

图 4-7 拉绳控制阀的结构

1—出水口；2—热水阀；3—进水管；
4—管夹；5—支架；6—拉绳

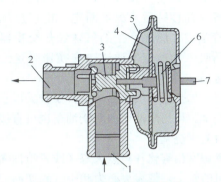

图 4-8 真空控制阀的结构

1—进水口；2—出水口；3—活塞；4—膜片；
5—通气孔；6—膜片复位弹簧；7—真空接口

（四）独立热源式采暖系统

1. 独立式空气加热采暖系统

独立式空气加热采暖系统是通过空气加热器燃烧燃料，燃烧产生的高温气体通过热交换器，将冷空气加热后直接通过管路送到车厢内各风口供暖。其关键部件是空气加热器，图 4-9 所示为独立式空气加热器的结构示意图。

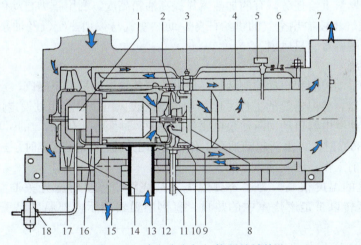

图 4-9 独立式空气加热器的结构

1—油泵；2—雾化杯；3—点火塞；4—热交换器；5—热控件；6—热保险；7—热风出口；8—雾化杯盖；
9—油泵出油管；10—导风盘；11—滴油管；12—小风轮；13—助燃进气管；14—进油管；
15—排气管；16—电动机；17—大风扇；18—滤油电磁阀

独立式空气加热器由燃烧室、热交换器、供给系统及控制系统 4 部分组成。当加热器中的直流电动机接通电源后，带动大风扇、油泵、雾化杯和小风轮高速旋转。燃烧用油从油箱吸出，经过滤油电磁阀、油管进入雾化杯被甩成雾状，与小风轮通过助燃风进口吸入的新鲜空气相混合形成可燃混合气。此混合气被点火塞（或高压电弧点火器）点燃，着火几秒钟后点火器断电，由已燃烧的火焰点燃不断输入的可燃混合气，使燃烧工况保持正常。燃烧产生的气体经热交换器内壁夹层环形通道从排气口排出。大风扇高速旋转所吸入的冷空气通过热交换器吸走绝大部分热量，变成热空气经管道及散热孔送入取暖区域。

空气加热器一般设有热量转换开关以获得强弱不同的发热量，装有过热保护装置以保证使用安全。可另配油箱，对柴油车也可直接用车辆油箱。

（1）燃烧室

燃烧室由雾化杯与点火塞（或者喷油嘴与高压电弧点火器）组成，雾化杯直接装在风扇电动机的轴上，依靠离心力和空气的切向力将油雾化、混合，在点火塞点火引燃下，在燃烧器上部燃烧。燃烧室温度可达800℃，所以，要用耐热不锈钢制造。燃烧室结构简单，输油管内径较大，不易堵塞，便于燃烧劣质油，所以被广泛采用。

（2）热交换器

热交换器是暖风装置的关键设备，由3层腔室构成。中心是燃烧室，包围燃烧室的第一层空腔通过要被加热的空气；在第一层空腔外的第二层空腔通过燃烧气体，然后引到排气腔；最外面的第三层空腔也是通过要被加热的空气。燃烧热量通过金属隔板加热空气，加热后的空气先集中至暖气室，然后送到车内。

（3）供给系统

供给系统是用来供给燃料、助燃空气和被加热空气的。油泵电动机、油泵、燃油电磁阀和油箱共同完成燃料供给任务，有的加热器靠提高油箱高度，利用重力自动供油。电动机和风扇完成助燃空气和被加热空气的供给任务。助燃空气与被加热空气及油泵合用一个电动机，在电动机两端各带一只风扇。

（4）控制系统

控制系统有手动控制和自动控制两种，用来控制各种电动机、电磁阀、点火器、过热保护器、定时继电器、感温器等的工作。比如加热器的暖风出口温度超过设定值180℃时，过热保护器工作，使继电器自动切断油泵电磁阀的电源，油泵停止供油，加热器停止燃烧。当排气温度低于180℃时，可重新起动油泵工作。有的空气加热器还有定时预热功能，在出车前控制加热器提前工作，达到预热目的。

由于燃烧室的温度很高，为了不使燃烧室被烧坏，停机时应先关油泵，停止燃烧，鼓风机仍继续运转以带走燃烧室中的热量，直到感温器指示内部温度已正常，才可关闭鼓风机。

2. 独立式液体加热采暖系统

独立式液体加热采暖系统与独立式空气加热采暖系统的工作原理基本相同，不过其热交换器的工作介质不是空气而是水，用水泵代替了风扇。可从专用水箱供水，也可用发动机的冷却液。其关键部件是独立燃烧式水加热器。独立燃烧式水加热器的最大优点是提供的暖风比较湿润，人体感觉舒服，而且可预热发动机、润滑油和蓄电池等，便于冬季起动，等发动机起动后，再将被加热的水通向车厢内的水暖式散热器。

液体加热采暖系统主要由水加热器、循环泵、散热器和风窗玻璃除霜器组成，散热器有并联和串联两种连接方式，如图 4-10 和图 4-11 所示。

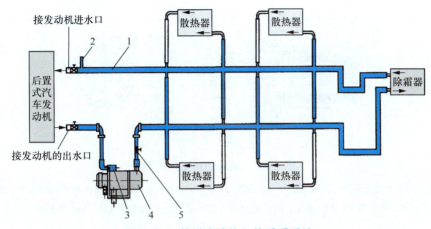

图 4-10　并联式液体加热采暖系统

1—水管；2—排气管（接膨胀水箱）；3—循环水泵；4—液体加热器；5—阀门

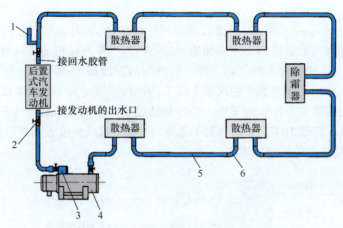

图 4-11　串联式液体加热采暖系统

1—排气管（接膨胀水箱）；2—阀门；3—循环水泵；4—液体加热器；5—水管；6—弯管接头

（1）水加热器

水加热器的结构与空气加热器相似，其加热介质不是空气而是水，用水泵代替了风扇。加热器主要由燃烧室、热交换器、供给系统和控制系统组成，图 4-12 所示为液体加热器的结构示意图。

① 燃烧室是燃料进行燃烧产生热量的装置。水加热器与空气加热器的燃烧室相同，由雾化杯与电热塞（或者喷油嘴与高压电弧点火器）组成。当加热器工作时，燃油通过油管送到雾化杯（或喷油嘴）。雾化杯雾化的燃油与助燃空气混合，形成可燃混合气。可燃混合气由电热塞（或高压电弧点火器）点燃形成燃烧火焰，已燃烧的火焰点燃不断输入的可燃混合

气，使燃烧保持正常。

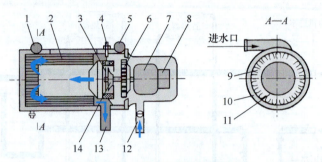

图 4-12　液体加热器的结构

1—进水管；2—热交换器；3—燃烧室；4—电热塞；5—出水管；6—助燃风扇；7—电动机；8—油泵；

9—热交换片；10—水套；11—燃烧筒；12—进气管；13—排气管；14—雾化杯

② 热交换器是车厢空气与燃烧热量交换的装置。

③ 供给系统的主要作用是提供燃料、助燃空气和水。燃料供给装置由油泵、电动机、燃油电磁阀和油箱组成；风扇和电动机组成助燃空气供给装置；水泵、水泵电动机及其水管组成水供应系统。

④ 控制系统由水温控制器（恒温器）、水温过热保护器、定时器等组成，用来控制电动机、风扇、油泵、电磁阀及点火器的工作。如果水加热器与汽车发动机的冷却液管路相通，当发动机冷却液温度低于 80℃时水加热器工作，而冷却液温度高于 80℃后，恒温器会自动切断油泵的电源，停止供油，加热器中的水泵继续工作，保证发动机工作正常以及水加热器不因过热而损坏，同时继续向车厢供应暖气。当冷却液温度和燃烧室的温度高于规定值时，加热器停止工作；当气温超过 10℃时，加热器不工作，只起动鼓风机吸进车外空气，起通风作用。图 4-13 所示为水加热器的控制原理图。

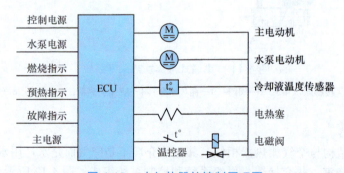

图 4-13　水加热器的控制原理图

新型的水加热器与空气加热器一样，也增加了定时预热遥控装置，能在规定时间对发动机或车厢预热。

（2）散热器和风窗玻璃除霜器

散热器用于向车厢内提供热空气，分为强制式散热器（散热器加鼓风机）和自然散热器。

强制式散热器的结构原理如图 4-14 所示。水散热器一般是管带式或管片式结构，管子内部流入已加热的热水，而管外则流过待加热的通往车厢内的空气，管外的铝带或铝翅片是为了增加其散热能力。

风窗玻璃除霜器用于除去风窗玻璃上的雾和霜。

独立热源水暖式采暖系统的暖风主要采用内循环式，灰尘少，暖气比较柔和且不干燥，人体感觉较舒适，不像空气加热器那样干热。水加热器还可预热发动机、润滑油和蓄电池等。为了避免寒冷时水加热器被冻坏，应该使用防冻液。

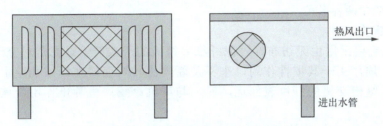

图 4-14　强制式散热器的结构原理

二、通风与空气净化系统

（一）通风系统

将新鲜空气送进车内，取代污浊空气的过程，称为通风。通风的目的是使车内空气符合一定的卫生标准，以保证驾乘人员的健康和舒适。通风还可起到调节车内温度的作用。

汽车空调的通风方式有动压通风和强制通风两种。

1. 动压通风

动压通风也称为自然通风，它是以汽车行驶时空气对车身表面所产生的压力为动力，按照车身表面压力分布规律，在车上适当的地方开设进风口和排风口，以实现车内的自然通风。

进风口应设置在汽车前部的正压区，并且要尽可能离地面高一些，以免汽车行驶时扬起的尘土进入车内；排风口应设置在汽车车厢后部的负压区。

轿车通风时的空气流动如图 4-15 所示，进风口设置在车风窗玻璃的下部，而且在进风口处还设有进气阀门和内循环空气阀门，用来控制新鲜空气的流量。一般情况下，在空调刚起动时，车内外温差较大，此时，应该关闭外循环气道，采用内循环方式工作，这样可以尽快地降低车内温度。

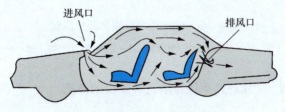

图 4-15　轿车通风时的空气流动

2．强制通风

强制通风是利用鼓风机强制将车外部新鲜空气送入车内进行通风换气的。在轿车的通风系统中，由于空调器采用冷暖一体化的配气方式，蒸发器与加热器联合工作，因此，采用强制通风时，可对车内的温度、湿度及空气净化进行综合调节，使车内更舒适。

（二）空气净化系统

空气净化主要是除去空气中的悬浮尘埃及车内烟雾。此外，在一些轿车的空调中还设有除臭和空气负离子发生装置。

汽车在公路上行驶，悬浮粉尘是最大的污染。根据粉尘特性的不同，除尘净化可采取过滤除尘和静电除尘两种形式。

1．过滤除尘

过滤除尘主要采用由无纺布、过滤纤维等组成的干式纤维过滤器对空气进行除尘。对于较大的尘埃，由于其惯性作用，来不及随气流转弯而碰在纤维孔壁上；对于微小颗粒，在围绕纵横交错的纤维表面运动时，与纤维摩擦产生静电作用，被纤维吸附在其表面。

汽车空调中，一般选用直径约为 $10\mu m$ 的中孔聚氨酯泡沫塑料、化纤无纺布和各种人造纤维作过滤器。

2．静电除尘

静电除尘是指利用高压电极产生高压电场，对空气进行电离，使尘粒带电，然后在电场作用下产生定向运动，沉降在正负电极上，而实现对空气的除尘。

静电式净化器的工作原理如图4-16所示，它由电离部、集尘部、活性炭吸附器3部分组成。电离部和集尘部可做成一体，也可分开，这是静电式净化器的主要组成部分，总称为电过滤器。电过滤器和负离子发生器由高压发生器供给高压电。在电离部的电极之间施加高达5kV的高电压，使粉尘电离并带上负电；带负电的粉尘在电场力作用下，向由正极板构成的集尘部移动。在集尘部，正极板外加的高压正电，将带负电的粉尘吸附。除去粉尘后的空气再用活性炭吸附，除去臭味及有害气体，净化后的空气被送至车内。有些净化器还有负离子发生器，改善车厢内空气品质，以利于人体健康。

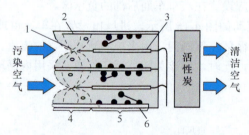

图 4-16　静电式净化器的工作原理

1—放电线；2—正电极；3—负电极；4—电离部；5—集尘部；6—粉尘

集尘部上积灰达到一定量时，须进行清洗、除尘或更换。

3．净化烟雾

对于自动空调系统的汽车，有些车辆在空调器内部设置了烟雾浓度传感器。当接通点火开关且空调器处于 AUTO 方式时，烟雾浓度传感器开始检测烟雾，将信号发送给空调 ECU，空调 ECU 使送鼓风机在有烟雾时自动低速运转，没有烟雾时自动停止，总能保持车内空气清新。

三、汽车空调配气系统

（一）汽车空调的配气方式

汽车空调配气系统不仅能将新鲜空气引入车厢内，而且能将冷气、热风及新鲜空气有机地进行混合调节，形成冷暖适宜的气流并吹入车厢。汽车空调配气系统常见的配气方式有空气混合式和全热式（再热式）两种。

1. 空气混合式

空气混合式空调配气系统的组成及工作原理如图 4-18 所示。空气经过蒸发器后即变为冷空气，而冷空气经过加热器后又变为热空气，最后由出风口吹出的空气是由冷空气和热空气混合而成的。风门 9 的作用就是将经过蒸发器的冷空气分成两部分：一部分冷空气经过加热器后变为热空气；另一部分冷空气未经过加热器，仍为冷空气。改变风门 9 的位置可以改变冷空气与热空气的比例，即通过改变风门 9 的位置来调节车内空气的温度。图 4-17 所示为所有的冷气都经过加热器，此时，空调器吹出的空气是最热空气。随着风门 9 顺时针转动，经过加热器的冷空气将逐渐减少，也就是热空气越来越少，吹向车内的混合气体的温度逐渐降低。

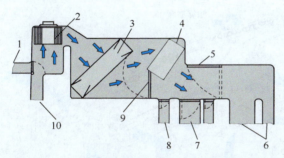

图 4-17　空气混合式配气系统的组成及工作原理

1—外界空气入口；2—鼓风机；3—蒸发器；4—加热器；5、9—风门；6、7、8—出风口；10—车内空气入口

空气混合式配气系统的工作过程如下：

外界空气＋车内空气→进入鼓风机 2 →进入蒸发器 3 进行除湿降温→由风门 9 调节进入加热器的冷气量→经加热器的冷气和未经加热器的冷气混合→从出风口 6 吹入车厢。

2. 全热式（再热式）

全热式空调配气系统的组成及工作原理如图 4-18 所示。

全热式空调配气系统的工作过程如下：

外界空气＋车内空气→进入鼓风机 2 →进入蒸发器 11 进行除湿降温→全部进入加热器→从出风口 5、6 吹入车厢。

在夏季时，可单独使用蒸发器进行降温，冬季可单独使用加热器进行采暖，春秋雨季时，蒸发器与加热器同时使用，可除湿加热。

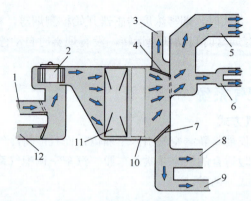

图 4-18　全热式空调配气系统的组成及工作原理

1—外界空气入口；2—鼓风机；3—除霜风口；4—风门；5—中心出风口；6—侧出风口；7—风门；
8—前座位热出风口；9—后座位热出风口；10—加热器；11—蒸发器；12—车内空气入口

（二）汽车空调的气流组织形式

汽车空调的气流组织过程分 3 个阶段：空气进气阶段、空气混合阶段及空气分配阶段，其组织形式如图 4-19 所示。

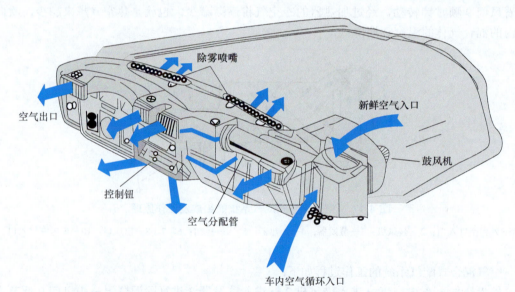

图 4-19　汽车空调气流组织形式

1. 空气进气阶段

汽车空调工作时，空气进入阶段气流的组织形式有两种：一种是外界新鲜空气进入空调器进行空气调节工作，称为外循环；另一种是车内空气进入空调器进行空气调节工作，称为内循环，如图 4-20 所示。

进气形式的选择由新鲜 / 再循环空气风门控制，新鲜 / 再循环空气风门用于控制新鲜空气和室内空气的循环比例。例如：当夏季车外空气温度较高时，应该尽量开小风门，使压缩机运行时间减少；同理，当冬季车外温度较低时，也应该尽量开小风门，以保持车内温度。

当汽车车内空气品质下降时，应该开大风门，使更多的新鲜空气进入车内。

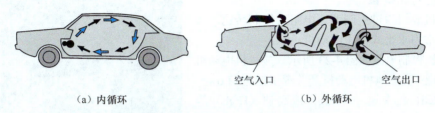

（a）内循环　　　　　　　　　（b）外循环

图 4-20　汽车空调进气组织形式示意图

2. 空气混合阶段

如图 4-21 所示，汽车空调工作时，空气混合阶段主要是由混合风门来控制空调器的工作温度的。混合风门通过调节冷空气与热空气的比例来控制空调器出口空气的温度，进而控制车内温度。当混合风门处于全开状态时，冷空气全部经过加热器，空调器出口为热空气，此时空调器为车内进行采暖；当混合风门处于关闭位置状态时，冷空气不经过加热器，空调器出口空气温度最低，此时空调器为最大制冷状态。这样只要混合风门处于全开或全闭之间的不同位置，即可得到不同湿度和温度的空气。

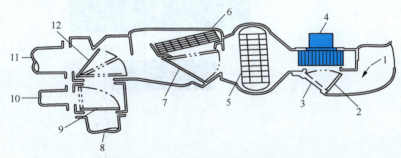

图 4-21　汽车空调进气组织原理图

1—新鲜空气；2—新鲜空气 / 车内空气风门；3—车内空气入口；4—鼓风机；5—蒸发器；6—加热器；

7—混合风门；8—吹向风窗玻璃出风口；9—仪表板 / 风窗玻璃风门；10—吹向脸部出风口；

11—吹向脚部出风口；12—脚部 / 脸部与风窗玻璃风门

3. 空气分配阶段

如图 4-21 所示，空气分配阶段可通过控制不同的风门，使空气吹向脸部、脚部及风窗玻璃。

四、汽车空调采暖通风操纵系统

手动空调操纵系统是通过驾驶员操纵控制面板上的各种功能键来对车内温度、风向和风速等进行调节的。在手动空调操纵控制系统中，暖风水阀及空气分配门的控制方式有两种类型：一种是由仪表板上的旋钮通过拉线控制；另一种是由仪表板上的旋钮通过真空阀或风门控制。

1. 空调控制面板

空调控制面板一般安装在驾驶室仪表板右侧工作台上，如图 4-22 所示，主要设有 3 个控制旋钮（或开关），分别为温度旋钮（或开关）、鼓风机旋钮（或开关）、空气分配旋钮（或开关）。另外有的车型还有一个暖风水阀拉线。

2．鼓风机旋钮

鼓风机旋钮通过控制调速电阻来控制转速。其电动机通常为永磁式单速电动机。

鼓风机控制电路如图 4-23 所示。鼓风机电动机的工作原理：当鼓风机电动机开关置于低速（Low）、中速 1（Med1）、中速 2（Med2）或高速（High）等挡位时，电路中所串联的电阻值越来越小。电阻值的变化，改变了鼓风机电动机的工作电压。由于电动机是单速电动机，工作电压越高，转速越高，故与鼓风机电动机串接的电阻阻值越小，其工作电压越高，转速越高。

图 4-22　空调控制面板

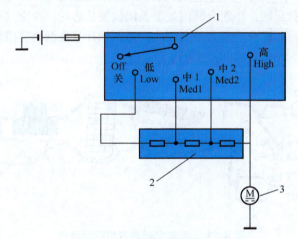

图 4-23　鼓风机控制电路

1—鼓风机开关；2—调速电阻总成；3—电动机

3．空气分配旋钮

空气分配旋钮用于确定空调系统的功能，即要求空调是吹脚部、吹脸部还是吹风窗玻璃进行除霜。驾驶员转动空气分配旋钮即可选择空调系统的功能，开关通常设有脚部、脸部、除霜等 5 个位置。

4．温度旋钮

温度旋钮用来控制暖风风门或暖风水阀的开闭，调节送入车内的冷、暖空气混合量，以实现对车内温度的调节。开关可在左、右两半区无级连续调节，左侧温度低，右侧温度高。

◻ 项目实施 ◻

操作一　采暖系统的故障检修

当采暖系统不热或没有暖风时，应做以下检查。

步骤一　先检查发动机的冷却液是否充足。发动机冷态下应在膨胀水箱处检查冷却液液面位置。正确的液面位置应在膨胀水箱上的上限（FULL 或 max）和下限（LOW 或 min）标记之间，如图 4-24 所示。

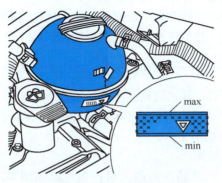

图 4-24　膨胀水箱液面位置

若液面低于下限标记，应打开膨胀水箱盖添加冷却液。如发现膨胀水箱中已无冷却液，应打开散热器盖，往散热器及膨胀水箱中加注冷却液。

提示

由于采用封闭、加压的冷却系统，在冷却液温度很高时，不要打开散热器盖，以免冷却液喷出而发生烫伤。当必须在冷却液还很热的情况下打开散热器盖时，一定要先逆时针慢慢拧动散热器盖到盖上的锁紧凸耳退至散热器加水口上的安全挡口处，让压力阀慢慢打开，使散热器中的压力从溢流管泄去后，才可压下散热器盖，并继续逆时针拧下散热器盖。

步骤二　观察发动机冷却液温度是否正常。若发动机冷却液温度正常，则将空调控制面板上的温度开关打到最热位置，用手摸发动机后部暖风小水箱进水管上的暖风开关两端，若两端温差很大，则说明暖风开关损坏，需要更换暖风开关。

若暖风开关正常，则用手摸发动机后部暖风小水箱进水管和出水管的温度，如果出水管温度很低，说明小水箱堵塞，需要维修。

步骤三　若鼓风机转速低或鼓风机不转，则需检查鼓风机、鼓风机调速器及鼓风机电路。

步骤四　若某个出风口没有暖风，则检查该出风口的电动机或风门。

操作二　采暖通风操纵系统的检查

手动空调采暖通风操纵系统的检查是通过操纵控制面板上的各种功能键来对车内温度、风向和风速等进行检查，还要对暖风水阀及空气分配门进行检查。

步骤一　鼓风机旋钮的检查。转动鼓风机的旋钮，当鼓风机电动机开关置于低速、中速、高速等挡位时，鼓风机的转速会越来越高，否则说明该开关或控制电路有故障，应做进一步的检查。

步骤二 空气分配旋钮的检查。转动空气分配旋钮，选择空调系统的各种功能，如吹脚部、吹脸部还是吹风窗玻璃进行除霜，应符合规定。

步骤三 温度旋钮的检查。转动温度旋钮，改变暖风风门或暖风水阀的位置，调节送入车内的冷、暖空气的混合量，挡位应符合一侧的温度低、另一侧的温度高的规定。

························· □ 维修实例 □ ·························

捷达轿车打开暖风开关后，鼓风机只在 4 挡运转。

（1）故障现象：一辆捷达轿车，行驶里程为 12.6 万千米。打开暖风开关后，鼓风机只在 4 挡运转，1 挡、2 挡、3 挡不工作。

（2）故障原因：鼓风机损坏。

（3）故障诊断与排除：捷达轿车的鼓风机控制电路如图 4-25 所示。鼓风机没有空挡，打开暖风开关后，鼓风机便开始运转，其转速共有 4 个挡位，通过一个串联电阻 N23 来调节转速，并且在串联电阻上设有一个熔断器 S24。鼓风机在 1 挡、2 挡、3 挡运转时，12V电压经空调开关→鼓风机开关→串联电阻 N23 及熔断器 S24→鼓风机。当鼓风机开关开到4 挡时，空调继电器 J32 工作，蓄电池 12V 电流经空调总熔断器 S23→空调继电器 J32→鼓风机，鼓风机便高速运转。因为鼓风机在 4 挡时，电流不经过熔断器 S24，所以即使熔断器S24 烧断，鼓风机仍能在 4 挡时运转。

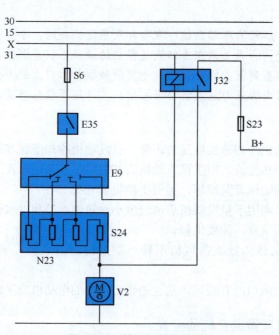

图 4-25　鼓风机控制电路

J32—空调继电器；S23—空调总熔断器；E35—空调开关；E9—鼓风机开关；

S24—熔断器（位于串联电阻上）；N23—串联电阻；V2—鼓风机电动机

　　因为鼓风机能高速运转，证明鼓风机良好，鼓风机开关也工作正常，应检查串联电阻N23。拆下位于杂物箱后面的串联电阻，检查后发现熔断器 S24 已经烧断。更换一个新串联电阻，但使用几分钟后便再次烧断，说明鼓风机通过的电流太大。

　　检查鼓风机，运转无阻滞，通风道也没有堵塞，因此判断鼓风机由于使用日久，电动机轴承得不到润滑而干磨松旷、碳刷磨损过度造成电流自然增大。

　　拆下鼓风机，对轴承加润滑油进行维护，用砂布打磨碳刷，然后重新装复。剪下烧断的熔断器 S24，在其原来的位置上焊一个 15A 的熔丝，装车后经长期使用，没有再出现烧断的故障。由于串联电阻 N23 的保险系数比较小，发生烧断的故障比较多，更换后往往会连续烧坏，焊接一个 15A 熔丝后，故障一般能够根除。

小　结

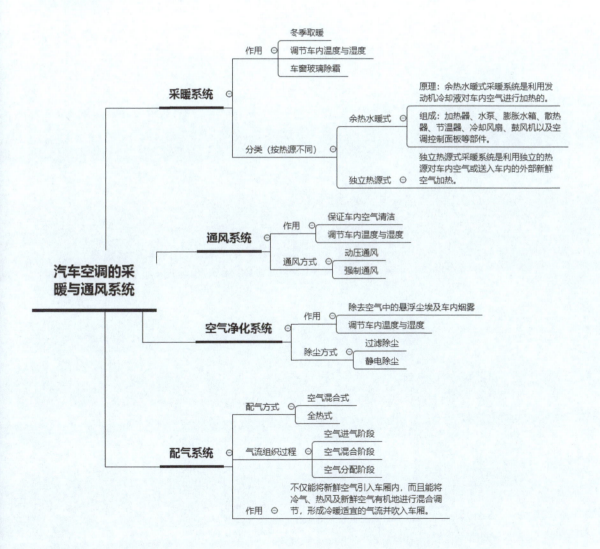

练习思考题

1. 汽车空调采暖系统的作用有哪些？举例说明。
2. 按热源不同，常见的汽车空调采暖系统可分为哪两种类型？
3. 余热水暖式采暖系统主要部件有哪些？
4. 通风的目的是什么？汽车空调的通风方式有哪两种？
5. 空气净化的作用是什么？
6. 汽车空调配气系统常见的有哪两种方式？
7. 汽车空调的气流组织过程分哪 3 个阶段？
8. 怎样诊断采暖系统的故障？
9. 怎样对采暖通风操纵系统进行检查？

项目五
汽车空调系统的维修

□ 学习目标 □

（1）熟悉空调系统安全操作规程。
（2）熟悉常用维修工具及设备的使用方法。
（3）熟悉汽车空调制冷系统的检漏方法。
（4）熟悉汽车空调制冷系统抽真空与加注制冷剂的相关内容。
（5）熟悉空调制冷系统日常维护注意事项和维护内容。
（6）熟悉汽车空调系统常见故障诊断与排除方法。
（7）培养运用所学的专业知识分析和解决实际问题的能力。

文档

新时代青年的使命
与担当

□ 项目引入 □

案例导入：一辆宝来轿车，行驶里程为 4.2 万千米。驾驶员说，打开空调开关后，空调的制冷效果不佳，冷气时有时无，有间歇制冷现象。

针对该车的故障现象，确定是汽车空调制冷系统存在故障。那么如何查明故障原因并最终排除故障呢？

□ 相关知识 □

一、空调系统安全操作规程

微课视频

夏季汽车空调的
正确使用

微课视频

冬季空调的正确
使用方法

微课视频

空调系统检修的
注意事项

1. 空调系统维修注意事项

（1）制冷剂比空气密度大，在空气中的体积含量达到 28.5% 就会使人窒息，操作环境应通风良好。只允许在通风良好的场所对制冷回路进行维修。

（2）在检修空调时，必须戴上手套和防护眼镜，如果有制冷剂溅到皮肤上或眼睛里，应该立即用大量冷水冲洗，然后在皮肤上涂上清洁的凡士林，并尽快去医院治疗。

（3）损坏或泄漏的空调系统部件不能采用焊接修复或进行软、硬钎焊，只能更换。

（4）应用制冷剂加注／再生机回收制冷剂（应在专门车间进行）。

（5）对车辆进行焊接工作时，空调部件有被加热的危险。进行喷漆工作时，烤房及其预热区温度不可超过80℃，避免制冷剂因高温而出现泄漏。

2．制冷剂使用注意事项

（1）人体安全。由于制冷剂低温高压储藏，所以应避免与人体部位接触。

（2）操作安全。高压的储液干燥器不可接触高温或明火，否则会产生有毒气体造成事故。

（3）搬运制冷剂时防止撞击、振动。

（4）储存安全。制冷剂应放置在40℃以下干燥、阴凉、通风的库房中，避免暴晒，远离火源。

（5）维修安全。加注制冷剂时，储存制冷剂的钢瓶不可倒立；空调系统抽真空时应彻底；排放制冷剂应从空调系统的低压端进行，且要进行回收处理。

3．冷冻润滑油使用注意事项

（1）冷冻润滑油易吸水，用后应马上将盖拧紧。

（2）不能使用变质浑浊的冷冻润滑油。

（3）不允许向系统添加过量的冷冻润滑油，否则会影响汽车空调制冷系统的制冷量。

（4）不同牌号的冷冻润滑油不能混用，以免造成变质。

（5）在排放制冷剂时要缓慢进行，以免冷冻润滑油和制冷剂一起喷出。

（6）更换制冷系统部件时，应适当补充一定量的冷冻润滑油，添加量按维修车型的标准进行。

（7）在加注制冷剂时，应先加冷冻润滑油，然后再加注制冷剂。

4．膨胀阀使用注意事项

（1）膨胀阀大都设置了调节螺杆，但是产品在出厂之前就已经调节好了，在使用过程中一般是不允许调节的。

（2）膨胀阀的阀体要垂直放置，不能倾斜安装，更不能颠倒安装。

（3）感温包一定要贴紧蒸发器出口管道，且接触面除锈要干净。当吸气管径小于25mm时，感温包贴在吸气管顶部；当管径大于25mm时，感温包包扎在水平管下侧45°或侧面中间。

5．储液干燥器（储液干燥罐）使用注意事项

（1）储液干燥器应垂直安装（一般偏斜在15°以内），这样才可保证出口管将随制冷剂一起循环的冷冻润滑油压出储液干燥器，并流回压缩机，并保证出口到膨胀阀都是液态制冷剂，使膨胀阀正常工作。

（2）储液干燥器的进出口不能接错。若接错进出管口，冷冻润滑油就会储存在储液干燥器内无法参与循环工作，压缩机没有足够的冷冻润滑油；同时，其出口还会有气泡，使膨胀阀无法正常工作。

（3）安装或维修制冷系统时，储液干燥器应最后接入系统。防止新干燥剂吸收空气中的水分而破坏其干燥性能。

（4）带观察窗的储液干燥器，可通过观察窗来检查制冷剂量。如有较多的气泡，说明制冷剂不足，应补充。

6. 冷凝器及蒸发器使用注意事项

（1）应定期清洗和除去冷凝器、蒸发器表面的污泥和灰尘。

（2）冷凝器及蒸发器翅片倒伏时，可用尖嘴钳子校正。

（3）经常检查冷凝器及蒸发器接口、表面是否有泄漏的油迹，若有应及时排除。

7. 电磁离合器使用注意事项

（1）使用电压。电磁离合器根据线圈电压大小，可分为 12V 和 24V 两种，主要以 12V 为主，不可用错。

（2）衔铁与压盘（压板）间隙。此间隙非常重要。若太小，则离合器脱开时，压板会拖着衔铁；若太大，则离合器工作时，两者之间接合不上。一般取 0.25mm。

（3）表面清洁。离合器表面不允许有油污，否则会造成打滑。

二、常用维修工具及设备

1. 歧管压力表

（1）作用

如图 5-1 所示，歧管压力表也称压力表组、制冷剂压力表等，与制冷系统相接可进行抽真空、加注制冷剂及检查和判断制冷系统的工作状态和故障情况等。

图 5-1　歧管压力表

（2）组成

歧管压力表由高压表（高压计）、低压表（低压计）、高压手动阀、低压手动阀、阀体以及高压接头、低压接头、制冷剂抽真空接头（图中未画出）等组成，如图 5-2 所示。工作时高、低压接头分别通过软管与压缩机高、低压阀相接，中间接头与真空泵或制冷剂钢瓶相接。只能用手拧紧软管与歧管压力表的接头，不可用扳手，否则会拧坏接头螺纹。

（3）使用

在使用歧管压力表时，必须排尽软管内空气，其具体操作步骤如下。

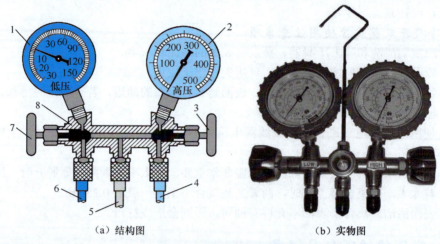

（a）结构图　　　　　　　　　　　　（b）实物图

图 5-2　歧管压力表结构

1—低压表（深蓝色）；2—高压表（浅蓝色）；3—高压手动阀；4—高压侧软管（红色）；5—维修用软管
（绿色或黄色）；6—低压侧软管（蓝色）；7—低压手动阀；8—歧管座

提示

◆ 当低压手动阀开启、高压手动阀关闭时，低压管路与中间管路、低压表相通，
此时可从低压侧加注制冷剂或排放制冷剂，并同时检测高、低压侧的压力。

◆ 当低压手动阀关闭、高压手动阀开启时，高压管路与中间管路、高压表相通，
此时可从高压侧加注制冷剂，并同时检测高、低压侧的压力。

◆ 当高、低压手动阀均关闭时，可检测高、低压侧的压力。

◆ 当高、低压手动阀都开启时，可加注制冷剂、抽真空，并检测高、低压侧压力。

2．检漏设备

检修或拆装汽车空调系统管道、更换零部件之后，需在检修及拆装部位进行制冷剂的泄
漏检查，目前主要有卤素检漏灯和电子检漏仪两种。

（1）卤素检漏灯

卤素检漏灯是一种丙烷（或酒精）燃烧喷灯，利用制冷剂气体进入安装在喷灯的吸气管内
会使喷灯的火焰颜色改变这一特性，来判断系统的泄漏部位和泄漏程度，其结构如图 5-3 所示。

提示

当喷灯的吸气管从系统泄漏处吸入制冷剂时，火焰颜色会发生变化。

◆ 泄漏量少时，火焰呈浅绿色。

◆ 泄漏较多时，火焰呈浅蓝色。

◆ 泄漏很多时，火焰呈紫色。

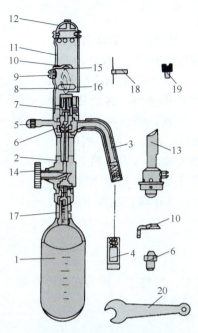

图 5-3　卤素检漏灯结构

1—检漏灯储气瓶；2—检漏灯主体；3—吸气管；4—滤清器；5—燃烧筒支架；6—喷嘴；7—火焰分离器；
8—点火孔；9—反应板螺钉；10—反应板；11—燃烧筒；12—燃烧筒盖；13—栓盖；14—调节把手；
15—火焰长度（上限）；16—火焰长度（下限）；17—喷嘴；18—喷嘴清洁器；19—维修工具；20—扳手

（2）电子检漏仪

电子检漏仪是一种用来检测空调和制冷系统中制冷剂是否泄漏的检漏设备。它具有灵敏度选择开关，可以设置为检测几种不同的灵敏状态。常用的电子检漏仪一般都是手握式。如图 5-4 所示的电子检漏仪有可视泄漏指示功能，10 个发光管依次变亮表示制冷剂浓度的升高，一个灯亮表示传感器检测到制冷剂浓度的最小量。几个指示灯从下向上依次点亮，形象地说明制冷剂的泄漏程度。这种检漏仪的特点还在于它具有可视听指示、音量控制、平衡控制、40cm 长鹅颈探头，

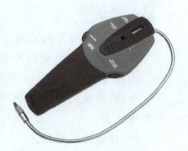

图 5-4　电子检漏仪

可以保持一定的位置，便于一手操作。不用时，探头软管盘绕在元件背面的凹槽内。

提示

◆ 使用电子检漏仪前，要检查探头，确保无灰尘或油脂。

◆ 如果探头脏污，可浸入酒精等温和清洗剂几秒钟，然后用压缩空气或工业毛巾清洁。绝不要用汽油、松节油、矿物油等溶剂，因为它们会残留在探头上并降低仪器灵敏度。

◆ 当在清洁、纯净空气中报警或不稳定时，应更换探头。

◆ 更换探头前务必关闭仪器上的电源开关，否则可能导致轻微电击。

3. 真空泵

如图 5-5 所示，真空泵是一种旋转式变容真空泵，用于制冷系统抽真空，排除系统内的空气、水分。

安装、检修空调系统时，会有一定量的空气进入制冷系统，空气中含有一定量的水蒸气，这会使制冷系统的膨胀阀冰堵、冷凝压力升高、系统零部件发生腐蚀。因此，对制冷系统检查后，在加入制冷剂之前，应对制冷系统抽真空。而抽真空彻底与否，将会影响系统正常运转效果。抽真空并不能将水抽出系统，而是产生真空后降低了水的沸点，水在较低温度下沸腾，以蒸汽的形式从系统中抽出。

图 5-5　真空泵

4. 制冷剂罐注入阀

（1）作用

当向制冷系统加注制冷剂时，可将注入阀装在制冷剂罐上，旋转制冷剂罐注入阀手柄，阀针刺穿制冷剂罐，即可加注制冷剂。

（2）使用方法

图 5-6 所示为制冷剂罐注入阀，制冷剂罐内装有制冷剂，接头用软管与歧管压力表的中间接头相连，其具体使用方法如下。

提示

◆ 按逆时针方向旋转注入阀手柄，直到阀针退回为止。

◆ 将注入阀装到制冷剂罐上，逆时针方向旋转板状螺母直到最高位置，然后将制冷剂注入阀顺时针拧动，直到注入阀嵌入制冷剂密封塞。

◆ 将板状螺母按顺时针方向旋转到底，再将歧管压力表上的中间软管固定到注入阀的接头上。

◆ 拧紧板状螺母。

◆ 按顺时针方向旋转手柄，使阀针刺穿密封塞。

◆ 若要加注制冷剂，则逆时针方向旋转手柄，使阀针抬起，同时打开歧管压力表上的手动阀。

◆ 若要停止加注制冷剂，则顺时针方向旋转手柄，使阀针再次进入密封塞，起到密封作用，并同时关闭歧管压力表上的手动阀。

三、空调制冷系统的检漏

空调系统出现泄漏时，会造成不制冷或冷风不足的现象。空调系统检漏的方法很多，常见的有目测法检漏、肥皂水检漏、电子检漏仪检漏、歧管压力表检漏、超声波检漏、着色法检漏、卤素灯检漏、荧光剂检漏、蓝紫光 LED 检漏等。

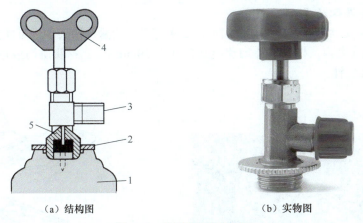

（a）结构图　　　　　　　　　（b）实物图

图 5-6　制冷剂罐注入阀

1—制冷剂罐；2—板状螺母；3—注入阀接头；4—制冷剂罐注入阀手柄；5—阀针

1. 目测法检漏

最简单的方法是目视检查。如图 5-7 所示，制冷剂常见泄漏部位可能是所有连接部位、冷凝器表面及蒸发器表面被损坏处、膨胀阀进出口连接处、压缩机轴封、前后盖密封垫等。上述部位一旦出现油渍，一般说明此处有制冷剂泄漏（但压缩机前轴封处泄漏可能是轴承漏油），应尽快采取措施修理。

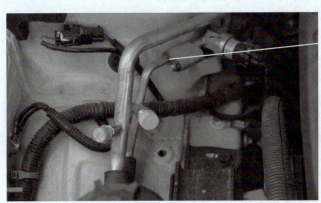

制冷剂泄漏部位

图 5-7　制冷剂泄漏部位

目测法检漏简便易行，没有成本，但是有很大缺陷，除非系统有突然断裂的大漏点或明显松动处，并且系统泄漏的是液态有色介质，否则目测检漏无法定位，因为通常渗漏的地方非常细微，而且汽车空调本身有很多部位几乎看不到。

2. 肥皂水检漏

用常见的肥皂水检漏是非常简单有效的检漏方法。用小喷壶将适当浓度的肥皂水喷淋到怀疑泄漏的部位，冒出气泡的部位即为泄漏部位，如图 5-8 所示。

这是目前路边修理厂最常见的检漏方法，但是人的手臂是有限的，人的视力范围是有限的，有的时候会看不到空调部位的漏点。

3．电子检漏仪检漏

用电子检漏仪对空调系统进行检漏如图 5-9 所示，检漏仪探头应尽可能接近检漏部位，一般要求在 3mm 之内，探头的移动速度必须低于 30mm/s。当探头脏污或电压偏低时，都会影响检查的准确性。

图 5-8　肥皂水检漏

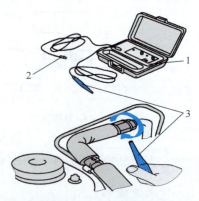

图 5-9　电子检漏仪检漏

1—电子检漏仪；2—电源插头；3—检测头

其方法和步骤如下。

（1）将检漏仪电源接上，预热 10min 左右。

（2）对检漏仪进行校核，使指示灯和警铃工作正常。

（3）将检漏仪调到所需要的灵敏度范围。

（4）将探头放到易出现泄漏的各个部位进行检测，防止漏检。

（5）当指示灯亮、警铃响起时，此位置为泄漏部位。同时应将探头立即移开，以免损坏检漏仪。

4．歧管压力表检漏

用歧管压力表对空调系统进行检漏时，歧管压力表与系统的高低压侧的连接如图 5-10 所示。其检漏方法如下。

（1）正确连接歧管压力表，高压软管接在高压检修阀上，低压软管接在低压检修阀上。

（2）中间软管接在氮气罐上。

（3）打开高低压检修阀，向系统中充入干燥的氮气，使压力达到 1.5MPa 左右。

（4）使系统保压 24～48h。若压力不降低，说明系统不泄漏。若压力降低，说明系统有泄漏。

（5）借助其他方法，找出泄漏部位。

5．超声波检漏

从物理学可以知道，气体总是由高气压流向低气压。当压差只出现于小孔时，气体产生的紊流将在小孔处产生超声波。利用此原理，使用超声波检漏仪可以精确定位气体泄漏点。当汽车空调系统的制冷剂泄漏时，泄漏处会产生超声波，利用检测器可以准确找出泄漏位置。

超声波检漏仪如图 5-11 所示。这种检测方法速度快。泄漏程度可由面板上的弧形 LED 显示，并可由内部声音蜂鸣或外部耳机指示出来。

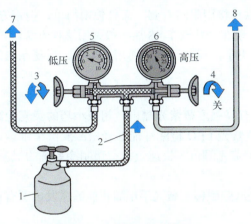

图 5-10 歧管压力表检漏

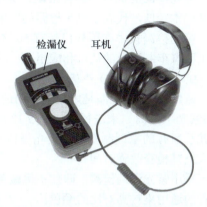

图 5-11 超声波检漏仪

1—氮气罐；2—中间软管；3—低压手动阀；4—高压手动阀；
5—低压表；6—高压表；7—接低压软管；8—接高压软管

6. 着色法检漏

（1）用棉球蘸制冷剂专用着色剂检测，当这种着色剂一遇到制冷剂时，就会变成红色，以此可以确定泄漏部位。

（2）有些制冷剂中溶有着色剂，使用这种制冷剂时，系统一旦有泄漏，就会在泄漏部位显示出颜色，以此可以确定泄漏部位。

7. 卤素灯检漏

点燃卤素灯，手持卤素灯上的空气管，当管口靠近系统渗漏处时，火焰颜色变为紫蓝色，即表明此处有大量泄漏。

这种方式有明火产生，不但很危险，而且明火和制冷剂结合会产生有害气体，此外也不易准确地定位漏点。所以这种办法现在很少有人使用。

8. 荧光剂检漏

荧光剂检漏是利用荧光检漏剂在紫外/蓝光检漏灯照射下会发出明亮的黄绿光的原理，对各类系统中的流体渗漏进行检测的。

如图 5-12 所示，在使用时，只需将荧光剂按一定比例加入到系统中，系统运作 20min 后戴上专用眼镜，用检漏灯照射系统的外部，泄漏处将呈黄色荧光。

图 5-12 荧光剂检漏

荧光检漏的优点是定位准确，渗漏点可以直接用眼睛看到，而且使用简单，携带方便，检修成本较低，代表了汽车检漏的发展方向，现在一些汽车4S店一般采用这种方法。

荧光检漏技术在国外已经有50多年的历史了，得到了包括通用、大众、三菱在内的世界主要汽车制造商的认可和应用。

9. 蓝紫光LED检漏

蓝紫光LED检漏是用最新推出的一种具有高强度蓝紫光输出、超级小巧的荧光检漏灯（如紫光手电筒）来进行。如图5-13所示，蓝紫光LED检漏灯能够轻松激发汽车维修市场上几乎所有的空调制冷剂的荧光染料的高反差荧光颜色，快速查找空调制冷系统的泄漏点，大大缩减检查故障时间。

采用紫光泄漏检测，即使不佩戴黄色荧光增强眼镜，紫光手电筒也能够激发出所有市场流行的通用染料高对比的颜色。

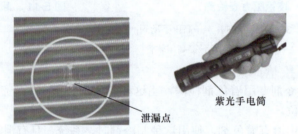

图 5-13　蓝紫光LED检漏灯检漏

四、空调制冷系统抽真空与加注制冷剂

1. 空调系统抽真空

当空调系统需要加注制冷剂之前，应对系统进行抽真空。抽真空的方法和步骤如下。

（1）关闭点火开关，拔下压缩机上的电源接头。

（2）将高压表连接到储液干燥器的维修阀上，低压表连接到蒸发器至压缩机之间的低压管路维修阀上，中间软管连接到真空泵接口，如图5-14所示。

（3）起动真空泵，缓慢打开高、低压表两侧的手动阀，注意动作不要过快，否则会使压缩机内的机油一同抽出。

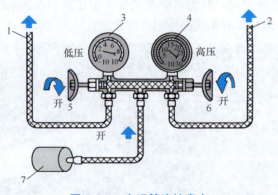

图 5-14　空调管路抽真空

1—接低压的软管；2—接高压的软管；3—低压表；4—高压表；5—低压手动阀；6—高压手动阀；7—真空泵

（4）开始抽真空。注意观察低压表指示，当抽真空时间为 5 ～ 10min 时，低压表指示的真空度应达到 100kPa，否则应关闭高、低压压力表两侧的手动阀，停止抽真空，检查泄漏处。

（5）当抽真空时间为 5 ～ 10min，低压表指示的真空度达到 100kPa 时，应关闭高、低压压力表的手动阀，静止 5min 后，观察压力表指示情况。如果真空度变化，说明有泄漏故障，可用检漏仪检查排除；如真空度不变，说明系统正常，可继续抽真空。

（6）通过上面的观察，确定系统正常时，应继续抽真空 20 ～ 25min。

（7）关闭高、低压压力表的手动阀，停止抽真空，从真空泵的接口上拆下中间软管，结束抽真空。

2. 冷冻机油的加注

加注冷冻机油有直接加入法和真空吸入法两种方式。

（1）直接加入法

① 按要求正确连接设备。

② 如图 5-15 所示卸下加油塞 1，注入规定型号的冷冻机油。

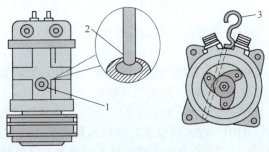

图 5-15　直接加注冷冻机油

1—加油塞；2—活塞连杆；3—油尺

③ 通过加油塞孔观察，旋转离合器前板，使活塞连杆正好在加油塞孔中央位置。

④ 把油尺 3 插到活塞连杆的右边，直至油尺端部碰到压缩机外壳为止。

⑤ 取出油尺，检查冷冻机油的刻度数（沟纹），应该在油尺的 4 ～ 6 格之内。

（2）真空吸入法

按要求正确连接设备，如图 5-16 所示。

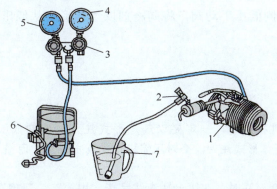

图 5-16　抽真空加注冷冻机油

1—空调压缩机；2—辅助阀；3—手动阀；4—高压表；5—低压表；6—真空泵；7—油杯

先将制冷系统抽真空到2kPa，然后开始加注冷冻机油，步骤如下。

① 关闭高压手动阀门，关闭辅助阀。

② 把高压侧软管从歧管压力表上拆下，插入油杯内。

③ 打开辅助阀，使冷冻机油从油杯吸入制冷系统。

④ 当油杯中的冷冻机油快被抽空时，立即关闭辅助阀门，以免系统中吸入空气。

⑤ 把高压侧软管接头拧在歧管压力表上，打开高压手动阀门，起动真空泵，将高压侧软管抽真空。然后再打开辅助阀，为系统抽真空压力，至2kPa，然后再加抽15min，以便排出随油进入系统里的空气。此时，冷冻油在高压侧，待系统运转后，冷冻油返回压缩机。

3. 制冷剂的加注

（1）制冷剂罐开启阀的安装方法

空调系统抽真空后检查系统密封状态，确认密封良好后进行制冷剂加注。

制冷剂（冷媒）加注

① 将制冷剂罐注入阀的手柄沿逆时针方向旋转，直到阀针完全缩回为止。

② 沿逆时针方向转动制冷剂罐注入阀的板状螺母（圆盘），使其上升到最高位置。

③ 将制冷剂罐注入阀的螺母与制冷剂罐螺栓连接，使注入阀固定在制冷剂罐上。

④ 沿顺时针方向拧紧制冷剂罐注入阀的板状螺母。

⑤ 沿顺时针方向转动制冷剂罐注入阀的手柄，使注入阀的阀针在制冷剂罐顶上开小孔。

⑥ 将高、低压压力表的中间注入软管连接到注入阀接头上。充注制冷剂的准备工作结束后，如暂时不充注制冷剂，则制冷剂注入阀手柄不要退出，以免制冷剂泄漏。

（2）制冷剂的加注方法

① 确认制冷剂系统没有泄漏之后，沿逆时针方向拧松注入阀手柄，使阀针退出，制冷剂便注入中间注入软管，此时不能打开高、低压压力表两侧的手动阀。

② 拧松连接高、低压压力表一边中心接头的中间注入软管螺母，当看到白色制冷剂气体外逸、听到"嘶嘶"声时（目的在于排出中间注入软管中的空气），拧紧螺母。

③ 拧松高压表一侧手动阀，如图5-17（a）所示，将制冷剂罐倒立，使制冷剂以液态注入制冷系统。

④ 拧松低压表一侧低压手动阀，将制冷剂以气体形式从低压侧注入制冷系统，如图5-17（b）所示。

提示

在低压侧充注制冷剂时，一定要以气态形式注入。控制低压阀，使低压表显示250kPa以下。如以液体形式注入，会对压缩机造成液击现象，而损坏压缩机。

⑤ 使用小瓶制冷剂充注时，在第一罐充注完毕，用第二、三罐充注时，仍应先关闭压力表手动阀，重新开启罐孔，并将中间注入软管与软管接头连接处拧松，放出一些制冷剂以

排出管内空气。

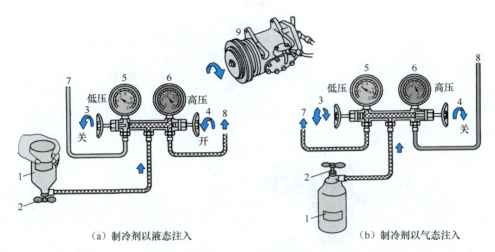

（a）制冷剂以液态注入　　　　　（b）制冷剂以气态注入

图 5-17　制冷剂加注

1—制冷剂罐；2—开启阀；3—低压手动阀门；4—高压手动阀门；5—低压表；6—高压表；

7—接低压维修阀软管；8—接高压维修阀软管；9—空调压缩机

提示

在以液体形式从制冷系统的高压端注入制冷剂时，切勿起动发动机和接通空调系统，以免制冷剂倒灌。

⑥ 当制冷剂灌注速度减缓后，可起动发动机并怠速运转，接通空调系统，关上高压阀门，控制低压阀门开度，控制低压表在 250kPa 以下。

⑦ 向制冷系统注入规定数量的制冷剂后，应按以下方法拆下压力表：关闭高、低压压力表的两个手动阀，关闭制冷剂罐上的注入阀，先拆下低压侧维修阀软管，关闭发动机，断开空调系统开关，稍后，从高压侧维修阀上拆下高压表软管。

五、空调制冷系统的维护

1. 空调制冷系统日常维护注意事项

不论汽车空调工作与否，都有可能出现配件的老化及损坏，从而造成故障，影响其使用效果和使用寿命，因此要加强平时的维护工作。在日常维护中，应注意以下几个方面。

（1）经常检查制冷系统的各管路接头，一旦发现油渍，应用测漏器检查是否有泄漏。也可以用较浓的肥皂水抹在可疑处，观察是否有气泡出现。

（2）经常或定期通过观察窗查看制冷剂的流动情况（见图 5-18）。

空调系统的制冷剂量正常时，观察窗中应能看到液体流过。若观察窗中气泡量过多，说明制冷剂不足，应用压力表测量高、低压压力来进一步确诊，必要时补充制冷剂。

（3）各管路接头、压缩机的安装托架，不得有松动现象，V 带的松紧应适宜。

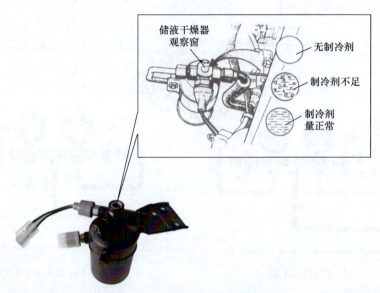

图 5-18　通过观察窗查看制冷剂

（4）经常检查制冷系统各软管有无磨损、老化现象，各接头处是否松动和损坏，压缩机密封处有无泄漏的痕迹，如发现问题应及时修理。

（5）空调系统的电线绝缘层应保持良好。当空调系统熔断器熔丝烧断后，应首先检查出故障原因，待排除故障后再更换熔丝通电。切不可把熔断器短接，这样会烧坏整个线路。

（6）注意保持冷凝器表面清洁。

（7）制冷系统的蒸发器进风口处一般都装有空气滤网，此滤网应每周清洁一次。

（8）蒸发器风扇以及出风口调节板和开关要定期除垢去尘，冷凝器叶片应经常用清水冲洗除尘，以保持进气畅通。

（9）每半个月检查压缩机机油液面高度，必要时给予补充。每隔一个月检查一次压缩机传动带和鼓风机传动带的松紧度和质量。发现传动带有裂纹应予以更换。检查松紧度时，用拇指全力压下传动带中点，如果能压下 10 ～ 20mm，说明松紧度适当，否则应进行调整。

（10）使用空调时，每半个月应检查冷冻剂量一次。根据空调系统的结构特点，检查方法可分为两种：一是通过观察窗利用液视镜检查；二是根据接收器或干燥器的入口管路和出口管路之间的温度差来判断。如果剂量不足应及时加注。

（11）空调的空气净化器应定期更换，空调系统每工作 3 个月或行车 5000km，应更换一次防臭滤清器。

2. 空调维护时的检查方法

起动发动机并将其转速稳定在 1500r/min 左右，打开空调开关，将空调系统鼓风机开关置于高速挡，移动调温键，用手感觉空调出风口的温度变化以及各控制键的操纵是否灵活、轻便。

（1）听制冷系统运行时是否有异常声音

制冷系统运行时有异常声音，一般是机械方面的原因较多，如传动带过松、运动件的磨损超过极限、紧固件松动及润滑不良等。下面介绍几个具体实例。

提示

◆ 当压缩机的气缸磨损超过极限时，与其配合的活塞运动时便可产生金属敲击声，此时制冷系统的制冷能力将下降。

◆ 压缩机轴承、离合器轴承润滑不良时将产生异常声音，应及时更换轴承。

◆ 当压缩机及制冷装置管路没有固定好时，将发生松动，产生异常声音，且此时容易导致制冷系统的泄漏，要及时处理。

（2）看冷凝器是否清洁或变形

① 首先应观察冷凝器表面是否清洁。因为杂物和泥土附在冷凝器上，会影响制冷效果。平时要经常用水清洗冷凝器。

提示

在清洗冷凝器时，不要把翘片碰变形。对于已变形的翘片，应细心地用尖嘴钳校正过来。

汽车空调器的蒸发器进风处，一般都装有空调滤清器或空气过滤网。在对空调系统进行维护时，应对蒸发器进行检查，清理外表的杂物，并用高压气体把蒸发器表面的泥土杂物吹除干净，以避免传热系数降低和供给的空调空气不洁。

② 观察空调制冷系统的所有连接部位是否有油渍。一旦有油渍，说明此处有制冷剂渗漏，此时应用电子检漏仪或其他检漏装置进行检查。一旦发现或确定有制冷剂泄漏，必须马上设法排除故障。

③ 观察压缩机轴封、前后盖板的密封垫、检修阀、安全阀等是否有油渍。

④ 仔细检查制冷系统高、低压管路是否松动，有无磨损、老化、鼓泡、裂纹和渗漏的油渍等现象。

提示

◆ 汽车的冷、暖系统采用了大量的橡胶管，在汽车行驶颠振过程中易与汽车车身摩擦，在发动机室内因经受高温易老化，制冷管遇低温容易龟裂。因此，一旦发现橡胶管和发动机接触，要及时隔开并固定好橡胶管。

◆ 胶管穿过金属板，一般都应有防护套，并注意防护套要牢固，否则金属会割破胶管。

（3）手摸管路和各部件感觉温度是否过高

用手触摸正在运行中的空调系统管路和各部件的温度。在正常情况下，高压端的管路呈高温状态，手摸高压侧管路时要小心烫伤；而低压端因处于低温状态，所以其部件、管路和连接部分表面都会结有水露。

① 用手触摸压缩机的进口管和排口管，手感温度应该有明显的差别。若没有温度差别，则说明制冷剂已经全部漏光；若差别不大，则说明制冷剂不足。此时应用歧管压力表检测系统内的压力，若低压侧压力高而高压侧压力低，说明压缩机有故障。

② 用手触摸冷凝器进口管和排口管，正常情况下，进口管应比排口管烫手，即冷凝器的上部温度比下部温度高，如果没有温差或温差很小，说明冷凝器有故障或冷却风扇有故障。

③ 用手触摸储液干燥器进、出口管路，二者应该没有明显的温差。如果在储液干燥器上出现霜冻或水露，则说明干燥剂已破碎，堵住了制冷剂流动管道，而且此处前部的高压端表现为手摸时很烫手。此时必须尽快排除堵塞故障，换上一只新的储液干燥器。

④ 膨胀阀的手感温度是比较特殊的。如果它的制冷剂进口连接处是热的，而其出口连接处是凉的，有水露，则表明膨胀阀的阀口已经堵塞，其原因则可能是杂物堵塞，或是制冷系渗入水分而产生的冰堵。如果是冰堵，则需要更换制冷剂，否则需要换上一只新的膨胀阀。

⑤ 低压管的手感为冰凉，有水露，但不应该有霜冻。若有霜冻，说明系统有故障，可能是膨胀阀的感温包内的制冷剂已经漏光，这时需要更换膨胀阀；也可能是制冷剂充注太多，需要放掉一些；或者是蒸发器的温度传感器或恒温器出现了故障，例如，安装位置不对，蒸发器控制器损坏，调整压力过低等。

用手触摸各个接头，看是否已经振松等。特别是一些电器的插头、插座，应检查其连接是否松动，这些对空调系统的正常工作都有极大的影响。正常的保养必须包括对电器连接件的固定、紧固和清洁等。

（4）其他检查

对系统进行了上述 3 个步骤的初检后，还需做进一步检查，以准确判断空调系统的故障所在。检查可以按以下步骤进行。

① 检查 V 带的张力。空调带轮直径不同，中心距不同，所要求的张力也不同。新、旧 V 带的张力不同。即使是新 V 带，用上 5min 后，其张力也会发生较大变化。对新安装的 V 带必须进行两次调整：第一次为新安装后，调整到规定值；运行 30min 后新 V 带两边的毛边已经磨去，再进行第二次调整。

一般车型可用 V 带张力计来测量 V 带的张力，如图 5-19 所示。

（a）V 带张力计　　　　　　　　　（b）检测张力

图 5-19　用 V 带张力计测量 V 带的张力

调整 V 带张力应按各种车型说明书上的规定值进行。可用 V 带张紧轮来调整 V 带的张力，如图 5-20 所示。不同车型空调压缩机的 V 带调整力矩相差很大。

有的车型压缩机 V 带检查方法是用 100N 的压力作用在曲轴 V 带轮（在驱动轮与空调压缩机 V 带轮的中间，测量 V 带施加压力前后的距离（挠度），以此作为调整值），其数值相差不多。一般空调压缩机 V 带调整数值为：新带 8 ～ 10mm，旧带 10 ～ 14mm。

图 5-20　用张紧轮调整 V 带的张力

 提示

◆ 旧 V 带是指新 V 带用 15min 后的 V 带，新使用的汽车和新换上 V 带的汽车，使用 15min 后，就要调整所有 V 带的张力，包括风扇 V 带、压缩机 V 带、发电机 V 带。

◆ 若压缩机 V 带是两根，更换时要同时更换，并且选用 V 带规格、型号应相同，否则，由于新旧 V 带长短不一、受力不均匀，会加速磨损和损坏。

② 检查电磁离合器。将电磁离合器的线束断开，用常火线直接给电磁离合器供电，压缩机应立刻转动，反复试验几次，以证明电磁离合器是否正常。

也可以直接用万用表测量电磁线圈的电阻，其电阻值应在正常范围。

③ 检查风扇电动机的调速器和继电器。打开风扇电动机开关后，从低挡到高挡进行转速调节，每挡持续 5min，以检查其送出的风量是否有变化，若没有变化，则可能是调速器的电阻箱和风扇继电器损坏。

风扇调速器的电阻箱安装在空调器壳外面，用导线和调温键与风扇继电器连接。如果风扇转动而不调速，则电阻器已坏；若风扇不转，则可能是开关或风扇继电器坏了，都需要更换。更换时，应先拆去蓄电池搭铁线和继电器或电阻器的接头，再拆去继电器或电阻器的固定螺钉，便能进行新的风扇继电器或电阻器的拆换。

④ 检查高、低压保护开关。高、低压保护开关和过热保护器的功能是在制冷系统发生故障时，保护压缩机和制冷系统不会损坏。它们都和压缩机的电磁离合器串联在一起。当系统工作压力太高或太低时，高、低压力开关便会切断压缩机离合器电路，使压缩机停止工作，保护压缩机。

检查时，可把被检查的开关短路，再打开空调开关。此时，压缩机开始工作，则说明被检查的开关坏了。

⑤ 检查加热系统。首先应保证有足够的冷却液。冷却液若不干净或有铁锈、水垢等，都应该将冷却液放掉，再用化学清洗剂清洗冷却系统，用清水清洗干净，然后加上防冻冷却液，充满冷却系统。

拨动控制面板调温键，这时，出风口的温度应有变化，操纵机构应移动自如。如果温度不变或操纵困难，应检查暖风开关和暖风水箱。

⑥ 检查膨胀阀。膨胀阀的感温包与蒸发器出口管道应牢固夹紧并用绝缘布包扎好。

⑦ 检查观察窗（视液镜）。有的汽车空调装配有观察窗，大多数轿车的观察窗设置在储液干燥器上。当空调系统工作时，从观察窗中观察到流动的制冷剂几乎透明无气泡，但提高或降低发动机转速时可能出现气泡。关闭压缩机后立刻有气泡，然后渐渐消失。这就说明制冷系统工作正常。如果压缩机工作时有大量的气泡，说明制冷系统不正常。

3. 汽车空调系统的维护内容

汽车空调系统的维护内容有两个方面：一个是结合汽车车辆的二级维护作业进行维护，如表 5-1 所示；另一个是空调系统独立的维护内容，如表 5-2 和表 5-3 所示。

表 5-1　　　　　　　　　　汽车空调系统二级维护作业内容

类别	作业项目	技术要求
制冷循环系统	检视高、低压管道	螺栓紧固，不松动。软管表面无起泡、老化或破损现象，硬管焊接处无裂纹或渗漏现象，全管上没有与其他机件发生碰擦干涉现象
	检视膨胀阀	膨胀阀应无堵塞，感温包作用正常，膨胀阀能根据温度的变化而自动调节制冷剂的供给量
	检视储液干燥器	在制冷系统正常工作时，其表面应无露珠或挂霜现象，每年在4月和5月维护期中，更换一次干燥剂（可拆式）或视需要更换储液干燥器总成（不可拆式）
	检查、清洁蒸发器和冷凝器，拧紧全部固定螺栓、螺母	蒸发器、冷凝器无渗漏，散热片无折弯，无尘土、杂物堵塞现象。蒸发器、冷凝器座应无裂纹，各固定螺栓和螺母齐全、紧固、可靠
	检视制冷剂量	制冷系统工作时，观察视液镜，应无气泡流动现象，制冷装置进气口的空气温度为30～35℃；发动机转速为2000r/min；在鼓风机以最高速旋转和制冷选用最强挡的条件下，系统的工作压力应为：低压侧0.15～0.25MPa，高压侧1.37～1.57MPa
压缩机	每年在4月和5月维护期中更换一次压缩机润滑油，并清洁或更换润滑油，清洁或更换润滑油滤网	压缩机润滑油液面高度应达到视液镜的上部边缘或原厂规定标准，油滤网应清洁、无杂物堵塞或缺损现象，磁铁完好有效
	检视进、排气阀	进、排气阀开闭灵活，作用正常
	检视轴封	轴封处不应有渗漏现象
电气系统	检视冷凝器和蒸发器风扇	各风扇工作正常，无异响，叶片无裂损，固定螺栓和螺母齐全、牢固、有效。冷凝器风扇与冷凝器散热片无干涉现象
	检视冷却液温度开关	冷却液温度开关在（100±2）℃时，应能自动接通声光报警电路
	检视高、低压力开关	高压开关在压力大于2.2MPa时，应能自动接通声光报警电路及切断通向电磁离合器的电流；当压力小于2.2MPa时应能自动复位低压开关。在压力小于0.2MPa时，应能自动接通声光报警电路及切断通往电磁离合器的电流，使压缩机停转；当压力大于0.2MPa时应能自动复位

续表

类别	作业项目	技术要求
电气系统	检视除霜温度控制器和车内温度控制器	除霜温度控制器在2℃左右时应能自动接通旁通电磁阀，在7℃时自动断开车内温度控制器，在5～30℃的控制范围内作用良好
	检视电磁离合器	电磁离合器离合良好，无打滑现象出现。离合器轴承在旋转时无偏摆拖滞现象出现

表5-2 汽车空调系统维护作业内容

类别	维护项目	维护内容	每天	每周	每隔1季季初	每隔1季季末	每隔2季季末	每隔3季季末
压缩机拆卸检查	曲轴及其轴承	磨损应在规定范围以内					◎	○
	连杆及其轴承	磨损应在规定范围以内					◎	○
	活塞组	磨损应在规定范围以内					◎	○
	阀门	交换					◎	○
	润滑油泵	磨损应在规定范围以内					◎	○
	轴封	用检漏仪检查其泄漏量					◎	○
	润滑油	更换及清洗滤网				◎	○	
制冷循环系统	管道各接头	有无松动情况，用检漏仪检漏				●		
	制冷剂注入量	通过观察窗（视液镜）检查	●					
	冷凝器	检查是否有尘埃和夹杂物，必要时加以清洗		●				
	蒸发器	检查是否有尘埃和夹杂物			●			
	储液干燥器	更换干燥剂或总成						●
	膨胀阀	检查动作是否正常及滤清器是否堵塞					◎	○
电气系统	冷却液温度报警灯	超温时是否能亮		●				
	高压报警灯	超压时是否能亮		●				
	压力开关	检查动作是否正常			●			
	冷却液温度开关	检查动作是否正常			●			
	车内温度控制器	在温度控制范围内作用是否良好			●			
	热敏电阻开关	检查动作是否正常			●			
	鼓风机	检查其工作是否正常、可靠			●			
	电磁离合器	检查是否具有所规定的性能			●			
	电磁阀	检查动作是否正常					●	

续表

类别	维护项目	维护内容	维护间隔					
			每天	每周	每隔1季		每隔2季季末	每隔3季季末
					季初	季末		
其他	紧固件	检查有无裂纹或损伤，如发现松弛，则要加以紧固	◎		○			
	V带	检查其张力和磨损程度		●				
	V带张紧轮	检查是否能圆滑旋转			●			
	空气滤清器	检查有无堵塞现象，必要时加以清扫		●				

注：表中○为轿车；◎货车；●为所有车种汽车。

表 5-3　　　　　　　　　　　　空调系统独立的维护作业内容

保养维护部分	顺序号码	保养维护项目	保养维护内容	维护时间					更换时间
				每天	每100天	每200天	每1年	每2年	
电气系统部分	1	发动机切断电磁线圈和磁铁	是否能动作	○					
	2	油温报警灯	是否能亮灯	○					
	3	冷却液温度报警灯	超温时是否亮灯	○					
	4	高、低压报警灯	压力异常时，是否亮灯	○					
	5	搭铁螺栓	是否生锈或松动		○				
	6	耦合器紧固件	检查是否紧固	○					
	7	所有电路接头	是否脱落和牢靠			○			
	8	转速表	能否指示	○					
安全	9	高压、低压开关	能否动作				○		
	10	易熔塞	检查易熔合金是否熔化	○					5年
	11	旁通阀	是否动作			○			5年
制冷循环	12	制冷剂量	从观察窗（视液镜）中观察判断	○					
	13	储液干燥器	改变颜色时更换			○			1年
	14	橡胶管	是否老化和龟裂				○		3年
	15	管道接头	是否渗漏	○					
	16	密封	用检漏仪器检查				○		
	17	膨胀阀	是否正常				○		3年
压缩机	18	冷冻润滑油	从装在压缩机上的观察镜中判断	○					2年
	19	缸盖螺栓	拧紧				○		
	20	吸入过滤器	清洗干净					○	
	21	吸、排气阀片	制冷效率下降时修理				○		
	22	联轴器	检查有无裂纹				○		3年
	23	机油滤清器	是否堵塞					○	4年
	24	压缩机	大修					○	

续表

保养维护部分	顺序号码	保养维护项目	保养维护内容	维护时间					更换时间
				每天	每100天	每200天	每1年	每2年	
换热器	25	蒸发器	清扫散热片			○			
	26	冷凝器	冲洗散热片		○				
	27	风扇	有无噪声过大			○			2年
其他	28	设备装配螺栓	紧固		○				2年
	29	设备防振橡胶	是否老化、变形					○	
	30	管道保温材料	是否老化、龟裂				○		
	31	进出空气温差应在7~10℃	用温度计测量	○					
	32	空气滤清网	清扫	○					
副发动机	33	冷却液	检查液量	○					1年
	34	散热器	清扫灰尘	○					
	35	水泵和张紧轮	加油和调整V带张力		○				
	36	发动机润滑油	用油尺检查油量	○					
	37	机油滤清器	更换滤芯						3个月
	38	空气滤清器	更换滤芯						1个月
	39	油箱	检查有无漏油	○					
	40	喷油泵凸轮箱	更换油		○				
	41	燃油滤清器	清除杂物或更换		○				1年
	42	起动机	检查电刷、轴承、联轴器、电容等				○		3年
	43	起动机齿轮轴	跳动量是否太大				○		3年
	44	注油软管	泄漏				○		
	45	油位表和导管	指示和泄漏				○		
	46	排气管	是否漏气			○			
	47	阀门间隙	检查大小				○		
	48	发动机紧固螺栓	拧紧		○				
	49	压缩压力	是否正常					○	
	50	独立取暖器	电路、油路、控制	○					

注：表中○为维护内容。

六、汽车空调系统常见故障诊断与排除

1. 空调制冷系统常见故障现象、原因及排除方法

空调制冷系统常见故障现象、原因及排除方法如表 5-4 所示。

表 5-4　　　　　　　　空调制冷系统常见故障现象、原因及排除方法

故障类型	故障现象	故障原因	排除方法
无冷风	压缩机不工作	熔丝烧断或电路中接线接头折断或脱落	更换熔丝或将电路和接头接通
		空调继电器或开关烧坏	更换
		离合器打滑	修理或更换
		压缩机带断裂或太松	更换或调整带张紧度
		压缩机有故障	修理或更换
	用压力表检测时，高、低压侧无压力	制冷剂过少	检漏并加注
	冷风机不工作	开关或吹风机的电动机不工作	修理开关或吹风机的电动机
冷风不足	压缩机运转正常，且高、低压侧压力均低于标准	制冷剂过少	加注
		压缩机有故障	调整或更换
	压缩机运转正常，且高、低压侧压力均高	高压管路有障碍，流动不畅	清除障碍物
		热敏电阻失效	更换热敏电阻
		感温包安装不当	重新安装
		膨胀阀开度过大	调整或更换膨胀阀
		冷冻油油量过多	排放并抽油
		制冷剂过多	释放一些制冷剂
		冷凝器散热不好	清洁发动机散热器和冷凝器，安装强力风扇、风扇挡板，或重新摆好散热器和冷凝器的位置
	压缩机运转正常，且低压侧压力过低	蒸发器结霜	调整恒温开关或压力控制器
		膨胀阀堵塞（脏堵或冰堵）	清洗或更换滤网
		低压管路不畅	清理管路障碍
		热敏电阻失效	更换热敏电阻
		感温包安装不当	重新安装
	压缩机运转正常，且低压侧压力有时正常，有时负压	冷风系统内有水分，有冰堵现象	排空系统制冷剂，再抽真空，重新充注制冷剂，更换储液干燥器
	压缩机运转正常，且低压侧负压，高压侧压力过低	冷风系统内被脏物所堵	清除系统堵塞物，更换储液干燥器

续表

故障类型	故障现象	故障原因	排除方法
冷风不足	压缩机运转正常，且低压侧压力过低，高压侧压力过高	储液干燥器内部堵塞	更换储液干燥器
		高压管路堵塞	清理或更换
	压缩机运转正常，且低压侧压力过高，高压侧压力过低	压缩机衬垫泄漏	更换衬垫
		压缩机阀门损坏	更换阀门
	压缩机运转不正常	压缩机内部有故障	修理或更换
		压缩机带过松、打滑	需拉紧带
		电磁离合器工作有故障	修理或更换
	冷风电动机工作正常，但风量不正常	吸气口有障碍物	除去障碍物
		蒸发器结霜或有异物	清除
		送风管堵塞	清洗或更换空气滤清器，清除通道中的障碍物
		送风管损坏	更换送风管
	冷风电动机不工作	冷风电动机开关不正常或电动机接触不良或冷风机固定不良	更换开关，修理或更换电动机并固定牢靠
		熔丝熔断或电路断开；连接部脱落或接触不良	更换熔丝、导线
		冷风机外部损坏或变形	修理或更换
冷风供给不连续	压缩机运转正常时，但冷风不连续	冷风系统有冰堵	清除系统冰堵，并更换储液干燥器
		热敏电阻或感温包失灵	更换
		冷风电动机损坏或电动机开关损坏	修理或更换
	压缩机间断运转	离合器打滑	修理或更换
		离合器线圈松脱或接地不良	修理或更换
		开关继电器时断时合，失控	更换失控部件
系统噪声大	系统外部噪声	带过松或过度磨损	拉紧带或更换带
		压缩机安装支架固定螺钉松动	紧固
		压缩机安装支架破裂	更换支架
		压缩机内部零件损坏	修理或更换
		冷冻油量太少或无油	加油
		离合器打滑且有噪声	修理或更换
		离合器轴承缺油或损坏	加润滑油或更换轴承
		冷风机电动机轴承损坏	更换冷风动机电动机轴承
		冷风机支架断裂或松动	若断裂应更换并固定牢靠，检查若是松动而噪声大，则拧紧支架

续表

故障类型	故障现象	故障原因	排除方法
系统噪声大	系统外部噪声	冷风机叶片断裂或破损	更换冷风机叶片
		冷风机叶片与其他部件擦碰	查找具体原因，予以纠正
	系统内部噪声	制冷剂过多，工作有噪声	排放过剩的制冷剂直到压力表读数降至标准值，且气泡消失
		制冷剂过少，膨胀阀发出噪声	找出系统漏气点，清除系统并修理，系统抽真空并更换储液干燥器，向系统充注制冷剂
		系统有水汽，引起膨胀阀发出噪声	清除系统，系统抽真空，更换储液干燥器，加液
		高压侧压力过高，高压辅助阀关闭，引起压缩机颤动	立即把阀门打开

2. 暖风系统故障诊断

暖风系统常见故障现象、原因及排除方法如表 5-5 所示。

表 5-5　　　　　　　　　　　暖风系统常见故障现象、原因及排除方法

故障	原因	排除方法
不供热或供热不足	（1）汽车空调鼓风机坏 （2）鼓风机继电器坏 （3）热风管道堵塞 （4）冷却液不足 （5）冷却管路流动不畅 （6）加热器内部有空气 （7）加热器积垢堵塞 （8）发动机节温器失效 （9）热水开关失效	（1）用万用表测阻值，若为零则更换 （2）用万用表测阻值，若为零则更换 （3）清除热风管道堵塞物 （4）补充冷却液 （5）更换冷却管路 （6）排出管内空气 （7）用化学方法除垢 （8）更换节温器 （9）拆修或更换热水开关
鼓风机不转	（1）熔丝熔断 （2）鼓风机电动机烧损 （3）鼓风机调速电阻断路	（1）更换熔丝 （2）更换电动机 （3）更换电阻
漏水	冷却管路老化、接头不紧，热水开关关不紧	更换冷却管路，拧紧接头，修复或更换热水开关
过热	（1）调温风门调节不当 （2）发动机节温器坏 （3）风扇调速电阻坏	（1）调整调温风门的位置 （2）更换节温器 （3）更换电阻

续表

故障	原因	排除方法
除霜热风不足	（1）除霜风门调整不当 （2）出风口堵塞	（1）重调 （2）清除
加热器有异味	加热器漏水	检查进出水管接头，若加热器管漏水，则更换水管

七、自动空调系统的故障诊断与排除

1. 自动空调系统的故障原因分析

自动空调和手动空调的区别主要在控制方式上，而其基本装置是一样的。因此，当自动空调系统出现故障时，可按手动空调系统对待，先检查其基本装置有无故障，然后再检查电子控制系统。这样，先易后难，能够比较快地确认故障所在。

在自动空调系统中，一般电控单元（ECU）和传感器本身很少出现故障，而真空系统和制冷系统产生故障的可能性却比较大；然后就是电路方面的故障。

对于真空系统和制冷系统的故障，可采用和手动空调一样的办法进行处理。对于电路故障，则可通过其故障自诊断系统，采用读取故障码的方法进行诊断。同时，也可根据电路图进行查找确认。

由于自动空调系统的电路比较复杂，加之元器件分布很广，如果逐个进行检查，不仅费时费力，而且也难以奏效，因此，当发现某种故障时、不要急于动手，一定要在搞清产生该故障各种可能原因的基础上，有针对性地进行分析查找。自动空调系统常见故障的现象、原因及产生部位如表5-6所示。

表5-6　　　　　　　　　　自动空调系统常见故障原因及部位

故障现象	故障原因与部位
温度调整无效，调整温控装置时，送风量不变，只有热风	真空软管破损或脱落漏气；传感器有故障；传感器连接线路断路、短路或插接器接触不良
调整温控装置时，送风量可变，但温度调整无效	不制冷时：制冷系统有故障。没暖气时：热水开关不良、电磁离合器、压力开关、继电器有故障；传感器有故障；传感器连接线路断路、短路或插接器接触不良
冷、暖风可变换，但送风门不变	空气门动作不良；真空软管破损、脱落漏气；真空电磁阀有故障或真空软管堵塞
送风门不变，送风温度也不变	只有热风时：空气门不良；真空软管破损、脱落漏气；真空电磁阀有故障或真空软管堵塞。只有冷风时：电位差计连接线路断路、短路或接触不良；电控单元（ECU）有故障
送风温度比设定温度高（偏热）	真空软管破损、脱落漏气；传感器安装位置不当或连接线路有故障；车内温度传感器损坏失效
送风温度比设定温度低（偏冷）	水管堵塞；开关有故障；真空软管破损、脱落漏气；电控单元（ECU）有故障

续表

故障现象	故障原因与部位
风扇电动机在所有挡位均不运转	熔丝熔断；风扇电动机内部有故障；风扇电动机连接线路断路、短路或接触不良
风扇电动机只在高速挡时运转	变速电阻损坏；风扇控制器有故障；送风开关有故障
风扇电动机只在高速挡时不运转	高速挡继电器不良；送风开关有故障
汽车加速时，风扇电动机转速发生变化	真空软管破损、脱落漏气；负压发生变化

2. 故障自诊断功能

当空调 ECU 检测到某些传感器或执行元件控制电路发生故障时，其故障自诊系统将故障以代码的形式存储起来，可用故障诊断仪进行空调系统的故障自诊断。有的车型可以直接在空调系统的操作面板上进行故障自诊断的操作。

以奔驰 S320 轿车为例，检修时只要按下操作面板上的指定键，即可读取故障码。其空调系统的操作面板如图 5-21 所示。

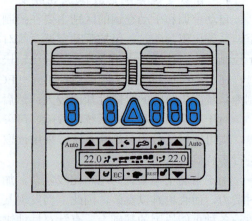

图 5-21　奔驰 S320 车自动空调系统操作面板

故障码的读取方法如下。

① 接通点火开关，按下控制面板左侧温度设定键"▲"，直到左侧显示幕显示"HI"。

② 按下控制面板右侧温度设定键"▼"，直到右侧显示幕显示"LO"。

③ 在 20s 内同时按"REST"键和"EC"键，并保持 5s 以上。

④ 此时循环键上的 LED 灯开始闪烁。

⑤ 按下"Auto"键，如果系统正常，左侧显示幕将显示"E"，右侧显示幕将显示"FF"。

⑥ 如果系统存储故障码，左侧显示幕将显示"Ebi"，右侧显示幕将显示故障码。当按下"Auto"键时，会显示出下一组故障码。

奔驰 S320 轿车空调系统的故障码如表 5-7 和表 5-8 所示。

表 5-7　　　　　　　　　奔驰 S320 轿车空调系统的故障码（前部空调）

故障码	故障部位	故障码	故障部位
026	诊断信号线不良	231	发动机冷却液温度传感器
226	车内温度传感器	232	制冷剂压力传感器
227	车外温度传感器	233	制冷剂温度传感器
228	左暖风出风口温度传感器	234	阳光传感器
229	右暖风出风口温度传感器	235	蒸发器传感器
230	蒸发器温度传感器	241	制冷剂量不足

续表

故障码	故障部位	故障码	故障部位
416	热水泵线路	421	辅助风扇控制模组
417	左热水阀	423	过压保护开关不良
418	右热水阀	424	碳罐滤清器阀打开
419	压缩机离合器线路	425	碳罐滤清器阀关闭
420	怠速提高信号	432	最大暖风范围

表 5-8 　　　　　　　　　　奔驰 S320 轿车空调系统的故障码（后部空调）

故障码	故障部位	故障码	故障部位
229	右暖风出风控制阀	240	后蒸发器温度传感器
236	左后暖风温度传感器	427	水泵线路不良
237	右后暖风温度传感器	428	左暖风出风控制阀
238	左温度设定钮	430	后制冷剂切断阀
239	右温度设定钮		

3. 清除故障码

① 接通点火开关，同时按下左、右侧的"Auto"键，约 20s 后左侧显示屏幕将显示"d"，右侧显示屏幕将显示"FF"。

② 同时按住左、右两侧的"Auto"键，一直等到左侧显示屏幕出现"E"，右侧显示屏幕显示"FF"，即表示系统中的故障码清除完毕。

4. 空调系统传感器数据的读取

① 接通点火开关，按下"Auto"键。

② 设定温度在 40℃ 位置，按下"REST"键 5s 以上。

③ 此时显示幕会闪烁一组代码"1"，再闪烁一组数，并交替切换。

④ 按"Auto"键，使代码切换到"2"，每按一次"Auto"键。即跳到下一组代码。

⑤ 自动空调系统传感器数据读取代码如表 5-9 所示。

表 5-9 　　　　　　　　　　自动空调系统传感器数据读取代码

代码	内容	代码	内容
1	显示车内温度传感器数值	5	显示蒸发器温度传感器数值
2	显示车外温度传感器数值	6	显示发动机冷却液温度传感器数值
3	显示左暖风出风温度传感器数值	7	显示目前冷却水压力（06 表示 0.6MPa）
4	显示右暖风出风温度传感器数值	8	显示目前制冷剂温度传感器数值

续表

代码	内容	代码	内容
10	显示鼓风机工作电压数值	30	显示左暖风出风温度传感器数值
11	显示蒸发器传感器电压值	31	显示右暖风出风温度传感器数值
12	显示阳光传感器电压值	32	显示后蒸发器温度传感器数值
20	显示目前辅助风扇耗用电流（mA）	33	显示后鼓风机电压值
21	显示目前发动机转速	34	显示左后温度传感器数值
22	显示目前车速	35	显示右后温度传感器数值
23	显示 58D# 端子电压[①]	38～43	显示ECU软件、硬件状态
24	显示目前蓄电池电压		

① 显示"99.0"，表示电压值为目前蓄电池电压的99%。

八、空调制冷系统的检修

（一）空调制冷系统制冷剂压力的检测

空调制冷系统技术状况的好坏以及各设备总成技术状况的好坏都可以利用歧管压力表检测制冷系统压力进行初步判断，如图 5-22 所示。

提示

当压缩机正常工作时，制冷系统低压侧的压力应为 0.15 ～ 0.25MPa，高压侧的压力应为 1.37 ～ 1.57MPa。

当空调制冷系统制冷效果不好时，测试结果与正常压力一定不符，具体分析如表 5-10 所示。

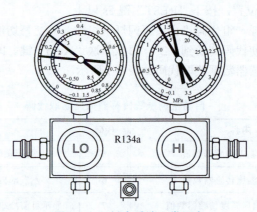

图 5-22　制冷系统正常压力

表 5-10　　　　　　　　　　　用歧管压力表检测空调制冷系统压力测试结果分析

量具指示	故障现象	可能原因	故障排除
高压与低压侧压力均过高	水泼到冷凝器上后，压力立即下降	制冷循环中，制冷剂过量加注	减少制冷剂直至获得规定的压力
	冷却风扇的抽吸能力不足	冷凝器冷却性能不良： ① 冷凝器散热片卡滞 ② 冷却器风扇不正确旋转	① 清洗冷凝器 ② 如需要，检查并修理冷却器风扇
	① 低压管路不冷 ② 压缩机停止后，高压值很快降低约196kPa，然后再缓慢下降	① 冷凝器热交换不良（压缩机停止工作后，高压下降过慢） ② 制冷循环中有空气	反复抽气并对系统重新加注
	发动机趋于过热	发动机冷却系统故障	检查并修理各发动机冷却系统
	① 低压管接头附近区域的温度明显低于蒸发器出口附近区域的温度 ② 板上有时结霜	① 过多的液体制冷剂在低压侧 ② 制冷剂流量排出过多 ③ 膨胀阀比规定量开得多了一点： ◆ 温度阀不正确 ◆ 膨胀阀调整不正确	更换膨胀阀
高压侧压力过高而低压侧压力过低	冷凝器上部和高压侧偏热，而储液干燥器并不热	压缩机和冷凝器间的高压管或高压元件被阻塞或被压扁	① 检查、修理或更换失效件 ② 检查压缩机润滑油有无杂质
高压侧压力过低而低压侧压力过高	压缩机停止工作后，高低压侧的压力很快相等	① 压缩机压缩功能不正常 ② 压缩机内部密封装置损坏	更换压缩机
	高低压侧的温度无差异	压缩机排量不能变化（压缩机行程处于最大行程）	更换压缩机
高压与低压侧压力均过低	① 储液干燥器进、出口间的温度差很大，出口温度极低 ② 储液干燥器进口和膨胀阀上结霜	储液干燥器内部少量堵塞	① 更换储液干燥器 ② 检查压缩机润滑油有无杂质

续表

量具指示	故障现象	可能原因	故障排除
高压与低压侧压力均过低	① 与储液干燥器附近温度相比，膨胀阀的进口温度极低 ② 膨胀阀的进口可能结霜 ③ 高压侧某处出现温度差异	储液干燥器和膨胀阀间的高压管路被堵塞	① 检查并修理失效件 ② 检查压缩机润滑油有无杂质
	膨胀阀的进出口间有巨大温度差异，而阀本身结霜	膨胀阀关闭得比规定的值多了一点 ① 膨胀阀调整不正确 ② 温度阀故障 ③ 出口和进口可能被堵塞	① 用压缩空气吹除异物 ② 检查压缩机润滑油有无杂质
	低压管接头附近区域的温度明显低于蒸发器出口附近区域的温度	低压管被堵塞或压扁	① 检查并修理失效零件 ② 检查压缩机润滑油有无杂质
	气流量不足或过低	① 蒸发器结冰 ② 压缩机排出量不能变化（压缩机行程处于最大行程）	更换压缩机
低压侧压力有时呈负值	① 空调系统不起作用，也不能循环地冷却车厢空气 ② 关闭压缩机并重新起动后，系统只能固定地工作一段时间	① 制冷剂不能循环排出 ② 潮气在膨胀阀进出口处冻结 ③ 制冷剂中混有水分	① 从制冷剂中除去水分或更换制冷剂 ② 更换储液干燥器
低压侧压力呈负值	储液干燥器或膨胀阀管的前、后侧结霜或结露	① 高压侧被关死，制冷剂不流动 ② 膨胀阀或储液干燥器结霜	系统停歇后重新起动，以核实问题是否由水或异物造成 ① 若问题是由水造成，则从制冷剂中除去水分或更换制冷剂 ② 若问题是由异物造成，则拆下膨胀阀并用干压缩空气将这些异物吹掉 ③ 若上述措施均不奏效，则更换膨胀阀 ④ 更换储液干燥器 ⑤ 检查压缩机润滑油有无杂质

（二）冷冻润滑油的检测

冷冻油不能过少，但也不能过多。过少影响润滑，过多影响制冷效果。不同汽车的制冷系统所需加注的冷冻润滑油量不同。冷冻润滑油的检测在之前已有讲述。

（三）空调制冷系统主要部件的检修

1. 压缩机的检修

当通过系统的温度、压力等判断压缩机故障时，一般要将压缩机拆下解体。

如果是压缩机气缸磨损严重，则需要更换新压缩机。如果是进、排气阀片变形，可更换阀片。

2．离合器的检修

（1）检查离合器的压板与带轮表面是否磨损严重，如果磨损严重，更换离合器总成。

（2）用手转动带轮，听轴承的声音，若有异响，更换轴承。

（3）用万用表测离合器的电磁线圈的电阻阻值，与标准值对比，如果阻值不在标准值内，更换离合器。

3．冷凝器及蒸发器的检修

冷凝器及蒸发器的常见故障是散热片堵塞、散热片变形或管道破裂。

（1）如果有散热片堵塞，可用水清洗，用毛刷轻刷，再用高压空气吹干。

（2）如果散热片变形，可用尖嘴钳修复。

（3）如果管道破裂，应焊补修复，或更换新件。

（4）注意在清洗时要防止水进入管道内。

（5）长时间不装车时，不要打开管道的保护盖，以免潮气进入管道。

4．干燥罐的检修

（1）储液干燥器的视镜和接头如果有损坏，应更换新件。

（2）在检测系统时，若储液干燥器的进口与出口温差很大，说明储液干燥器堵塞，如果是可拆式的，则需要更换新件。

（3）在安装制冷系统装置时，应最后安装储液干燥器，以防止空气进入储液干燥器。

5．制冷管路的检修

（1）金属管的常见故障是开裂、压扁等现象，可焊补、校圆修复，或更换新件。

（2）橡胶软管常见的故障是老化、开裂及严重磨损，一般是更换新件。

6．膨胀阀的检修

膨胀阀是制冷系统中灵敏度极高的元件，检修之前，要先判定膨胀阀确实有故障，然后再从车上拆下检修。检修时应特别小心，防止损伤。拆卸膨胀阀后，应检查其进口处的滤网（有些膨胀阀没有滤网），如有污物则要清洗；膨胀阀的感温包有渗漏的话，就要换新件。检修膨胀阀时要进行性能检测和最大、最小流量检测。

（1）就车检测膨胀阀

① 把歧管压力表与制冷系统高、低侧的维修阀连接，关死高、低压手动阀。

② 起动发动机，保持 1000～1250r/min 转速，开动空调，将鼓风机置于高速挡，运行10～15min 后，开始进行检测。

③ 开始检测时，低压表读数偏低，此时在膨胀阀周围包上 52℃的热水袋。

提示

◆ 若低压表读数上升到正常值，表明系统内有湿气，应予以消除，需要抽真空，重新充注制冷剂。

◆ 若低压表的压力值并未升高，则应从蒸发器出口管上拆下感温包，用 52℃的热水袋包住感温包。这时若低压表压力上升，则表明原来的感温包没有包好。

若经以上测试，低压表读数仍偏低，则表明膨胀阀有故障，需从系统中拆下检修。

④ 开始检测时，低压表读数偏高，此时从蒸发器出口管处拆下感温包，放入冰水。

 提示

◆ 若低压表读数正常，则可能是感温包绝热保护不佳，或感温包与蒸发器的位置太远。

◆ 若低压表压力并未降到正常值，则表明膨胀阀有故障，应拆下进行清洗与检修。

（2）膨胀阀的性能检测

① 按图 5-23（a）所示，用软管把歧管压力计与膨胀阀及制冷剂罐连接起来；注入软管与低压表之间接一个带小孔的过渡接头 2。

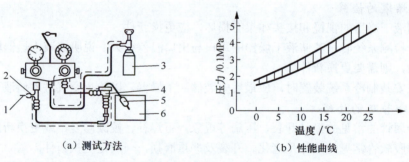

（a）测试方法　　　　（b）性能曲线

图 5-23　膨胀阀的性能测试方法及性能曲线

1—喷出的气态制冷剂；2—带小孔的过渡接头；3—制冷剂罐；4—膨胀阀；5—感温包；6—水箱

② 关闭歧管压力表的高、低压手动阀。

③ 将过渡接头的开关拧松，使低压侧的气态制冷剂能从过渡接头的小孔喷出，从而使低压侧的压力降低。

④ 打开制冷剂罐的开关，使制冷剂从中间软管流入歧管压力计，并排出管路中的空气，如图 5-23（a）所示。

⑤ 开启高压侧手动阀，将高压侧的压力调整到 490kPa。

⑥ 将膨胀阀的感温包浸泡在装满可调温度的水箱中，箱中水内应含有冰块，以确保水温能从 0℃开始逐渐升高。

⑦ 改变水箱中水温，并用温度计测量，开启低压侧手动阀，并读出歧管压力计低压表的指示值。

⑧ 将同时测出的低压表指示值和水温值，标在膨胀阀的工作性能曲线图上，与图 5-23（b）所示膨胀阀的压力和温度曲线相比较：如果这两个值的坐标交叉点在两条曲线包围的阴影范围之内，则表示被检测的膨胀阀工作性能良好；如果交叉点超出阴影范围，表明膨胀阀的工作性能不良，应调试或更换。

不同车型的膨胀阀，其工作性能曲线图可能有所区别，所以应按其使用说明书上的曲线进行对照检测、调整。

（3）膨胀阀流量的检测

① 最大流量检测。

◆ 按"性能检测"的①～③步骤操作。

◆ 倒置制冷剂罐。

◆ 打开制冷剂开关。

◆ 把感温包放入保温水箱内，其水温应保持50℃。

◆ 打开高压侧手动阀，将压力调整到392kPa。

◆ 打开低压侧手动阀，读出低压表读数，最大流动压力应为245～314kPa。压力超过314kPa，表示膨胀阀开度过大，表明最大流量过大；压力不足245kPa，表示膨胀阀开度过小，表明最大流量过小。

② 最小流量检测。

◆ 把感温包插入0℃的水中。

◆ 打开高压侧手动阀，将压力调整到392kPa。

◆ 读出低压表读数，从表5-11中找到相应的过热度，低压值应在表5-11规定范围之内。

表5-11　　　　　　　　膨胀阀过热度与低压侧压力的关系

过热度/℃	5	6	7	8	9
表压/MPa	0.1590～0.1795	0.1530～0.1746	0.1481～0.1687	0.1452～0.1658	0.1393～0.1599
过热度/℃	10	11	12	13	14
表压/MPa	0.1344～0.1550	0.1304～0.1520	0.1245～0.1452	0.1206～0.1412	0.1177～0.1373

若低压值低于下限值，表明最小流量过小；若低压值高于上限值，表明最小流量过大。可利用膨胀阀的调整螺栓，将膨胀阀开度调整到合适位置，从而将最大流量或最小流量调至符合要求。

（4）调整膨胀阀的开度和流量

① 在调试前应先松开填料压盖。

② 在调试前可先估算一下实际工况，当接近调稳时将膨胀阀调节螺栓再转动1/2～1/4圈即可。

③ 转动膨胀阀调节螺栓，并观察低压压力：把阀的调节螺栓逆向旋转，弹簧弹力增大，阀的开度减小，即流量减少；顺时针方向旋转调节螺栓，弹簧弹力减弱，阀的开度增大，即流量增多。

一般将螺栓旋转一圈，其过热度变化量约为1℃。

········· ▫ 项目实施 ▫ ·········

操作一 制冷系统不制冷的故障诊断与排除

起动发动机，打开空调开关，打开鼓风机开关，出风口无冷气吹出。这种情况可能是电气方面或是机械方面的原因。

1. 电气方面的检查

系统不制冷主要是指压缩机没有工作，压缩机电磁离合器的基本控制电路如图 5-24 所示。从图中可以看出，空调开关、高压开关、低压开关以及温控放大器等都与压缩机的电磁离合器串联，只要有一个元件发生故障，空调压缩机就要停止工作。一旦压缩机不工作时，在检查电气故障的过程中，要循序渐进，从简到繁，切忌乱拆。

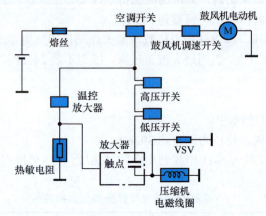

图 5-24　空调压缩机电磁离合器的基本控制电路

步骤一 检查熔丝是否熔断。如果熔断，则说明电路中可能有某个地方短路。这时应检查导线的绝缘层有无损坏以及产生短路烧坏的迹象。

提示

在查明原因之前不要随便接上熔丝进行试机，以免电气系统遭受更大的损坏。

步骤二 断开压缩机电磁离合器的线束，直接将蓄电池正极导线连接到电磁离合器的导线上，若离合器工作，说明电磁离合器本身正常，继续检查其他方面。

步骤三 检查电路中的空调开关、高压开关、低压开关以及温控放大器。先检查高、低压开关，然后观察温控放大器，最后检查空调开关。检查方法是采用短路法，例如要检查低压开关，就将低压开关短路，然后打开空调开关，如果电磁离合器能吸合，则说明低压开关有故障，或者是制冷系统中制冷剂已经泄漏。

可用歧管压力表进一步检查系统内的制冷剂压力，以判断制冷剂是否泄漏。

2. 机械方面的检查

在确认电气系统工作正常的情况下，系统不制冷，就需要进行机械方面的检查。

步骤一　检查压缩传动 V 带是否断裂。如果压缩传动 V 带断裂，压缩机会停止工作，制冷系统也无法制冷。

步骤二　检查制冷系统是否堵塞。如果制冷系统堵塞，制冷剂无法循环，从而导致系统不制冷。用歧管压力表检测系统内的压力，结果是低压侧压力很低，高压侧压力非常高。

提示

制冷系统最可能产生堵塞的部位是干燥过滤器及膨胀阀。

步骤三　检查膨胀阀感温包破裂。膨胀阀感温包破裂，装在里面的工质就会全部流失造成膨胀阀膜片的上方压力为零，阀针在弹簧力的作用下，将阀孔关闭，制冷剂无法流向蒸发器，因此系统无法制冷。

提示

感温包破裂后，膨胀阀一般要换新件。

步骤四　检查制冷系统内的制冷剂是否泄漏。如果制冷系统内制冷剂全部漏失，系统无法制冷。检测时可用歧管压力表测系统的压力，若高、低侧压力都很低，说明制冷剂已经泄漏。如果出现这种情况，应用测漏仪详细检查确定其泄漏部位，然后进行修复。

提示

修复后要对系统抽真空，然后按规定加足制冷剂及冷冻润滑油。

步骤五　检查压缩机进、排气阀片是否损坏。如果压缩机进、排气阀片损坏，压缩机起不到吸入、排出的作用，从而使制冷剂无法循环，当然无法制冷。可用歧管压力表检测系统内的压力，结果应是高、低压侧的压力接近相等。阀片损坏后，要拆卸压缩机进行修理或换新件。

微课视频

空调系统性能实验

操作二 制冷系统制冷不足的故障诊断与排除

汽车空调制冷系统的性能是否能达到要求，其判断的依据是车厢内的温度及湿度是否能达到预定的指标。如果空调系统正常运转，其出风口的温度应在 0 ～ 5℃。此时车厢内温度应保持在 20 ～ 25℃（外界气温在 34℃左右）。要达到这一要求，车厢的密封性要好，同时汽车空调制冷系统技术状况要良好。

1. 制冷剂和冷冻润滑油方面的原因

步骤一 检查系统内制冷剂是否不足。由于系统内制冷剂少，从膨胀阀喷入蒸发器的制冷剂也少，从而使制冷剂在蒸发器内蒸发时所吸收的热量下降，故系统制冷能力下降。

当制冷剂不足时，从观察窗（液视镜）中可看到偶尔或缓慢出现气泡，这说明制冷剂稍少；如果出现明显的翻腾气泡，则说明制冷剂缺少很多。也可以用歧管压力表检测系统内的压力，这时所测得的压力应小于制冷系统的标准压力。在处理故障之前，要判断是否有泄漏的地方。

> **提示**
>
> 如果有泄漏的地方，要先查漏，不能直接就补注制冷剂，否则过一段时间还要出现制冷剂不足的现象。

步骤二 检查制冷剂注入量是否过多。制冷剂在各主要功能部件所占容积有一定的比例，如果所占的容积太多便影响散热效果。因为制冷系统的制冷能力和高压侧的散热量有密切关系，如果散热量多，则制冷能力增加。另外，如果冷冻润滑油注入量过多，也会影响制冷系统散热，因此制冷能力也下降。

如果制冷剂注入过多，从观察窗中见不到气泡，它与制冷剂适量无明显区别。但是制冷系统高、低压两侧的压力均过高，可以用歧管压力表检测系统的压力来确定制冷剂是否注入过多。如果确定制冷剂注入过多，可以利用歧管压力表来排放多余的制冷剂。

步骤三 检查制冷剂和润滑油中是否含有脏物。由于系统内脏物较多，必然会在过滤器的滤网处出现堵塞现象，从而导致滤网通过制冷剂能力下降，那么流向膨胀阀的制冷剂也会减少，致使系统制冷能力下降。用手摸储液干燥器的两端，正常情况是没有温差的，如果感觉温差明显，说明储液干燥器堵塞。用歧管压力表测系统内的压力，若高压侧压力过高，而低压侧压力过低，也说明高压侧有堵塞，如无其他情况，就是储液干燥器堵塞。这种情况需要更换储液干燥器，并将制冷系统抽真空，重新注入制冷剂。

步骤四 检查制冷剂中是否含有空气。空气是导热的不良物质，在系统的压力和温度下，它不能溶于制冷剂。因此，空气占据冷凝器上部的空间，影响其散热；有些随制冷剂在系统中循环，使膨胀阀喷出的制冷剂量下降，从而导致制冷能力下降。当制冷剂通过膨胀阀节流孔时，由于其压力和温度迅速下降，空气中的水分在膨胀阀小孔处产生"冰堵（阻）"现象，从而导致制冷剂流动不畅甚至完全不能流动，但停机一段时间，待冰融化后，系统又能恢复工作。这种情况需要抽真空，重新注入制冷剂。

2. 机械方面的原因

步骤一　检查压缩机工作性能是否下降。

① 压缩机的检查。压缩机使用一定时间后，由于气缸及活塞的磨损，使气缸间隙增大及进、排气阀片关闭不严等，都会造成漏气，使压缩机的实际排气量大大小于理论排气量，从而导致系统制冷能力下降。用手摸压缩机的进气和排气管口，温差不太大；用歧管压力表测系统内的压力，应是高压侧压力偏低，而低压侧压力偏高。处理方法是更换压缩机。

② 压缩机传动 V 带的检查。传动 V 带如果过于松弛，工作时打滑，传动效率下降，从而导致压缩机转速下降，故其排量也下降。处理方法是调整带张力。

③ 电磁离合器的检查。电磁离合器的压盘（压板）与 V 带轮的接合面磨损严重或有油污，工作时便会出现打滑。另外，蓄电池的电压过低，会使离合器的电磁线圈产生的磁力下降，也会导致打滑，与传动 V 带过松产生同样的后果。可观察离合器的压板与带轮的间隙是否均匀、压板是否扭曲，处理方法是更换离合器。

步骤二　冷凝器散热条件是否下降的检查。

观察冷凝器表面和冷却风扇的传动 V 带工作情况。冷凝器表面如果有污泥、杂物覆盖或被杂物堵塞及翅片弯曲等都会使其热交换效率下降。另外，冷却风扇的传动 V 带松弛或冷却风扇的转速下降，也会使冷凝效率降低，从而导致系统制冷量下降。如果冷凝器散热条件下降，可清除冷凝器表面污物，修正弯曲的翅片，调整传动 V 带张力。

步骤三　出风口吹出的冷气量是否不足的检查。

蒸发器表面结霜或鼓风机转速下降，都会使吹出的冷气量下降，使人感到冷气不足。检查鼓风机开关、鼓风机、电源电压及热敏电阻是否正常，如不正常，应检修或更换新件。

□ 维修实例 □

 实例一　空调系统制冷效果不佳，且间歇制冷

（1）故障现象：一汽大众宝来轿车，行驶里程为 4.2 万千米。驾驶员说，制冷效果不佳，并有间歇制冷现象。

（2）故障原因：制冷系统中混有空气。

（3）故障诊断与排除：从储液干燥器观察窗观察，制冷剂在空调运转时有大量气泡。但膨胀阀处无结霜现象，用手触摸低压管道感觉发烫，初步诊断为空调系统中混有空气。

多用测量表测量，高低压端显示的压力值都较额定值高，验证了制冷系统混入大量空气的判断。对空调系统反复抽真空 10min，注入新的制冷剂，制冷效果良好，故障排除。

制冷系统中混有空气，大都是因为制冷系统打开后，没有抽真空就灌注制冷剂，这样空气便会随之混入制冷系统中。空气混入后，会造成压缩机负荷加重（空气不可压缩），形成的气阻使制冷剂循环受阻。

 实例二　空调系统制冷效果差

（1）故障现象：上海大众桑塔纳轿车，行驶里程为 7.5 万千米。驾驶员说，空调系统制冷效果差。

（2）故障原因：制冷剂加注过多。

（3）故障诊断与排除：发动机运转后，打开空调开关观察储液干燥器观察窗，制冷剂清晰无气泡，但出风口空气不够冷，关掉空调1min后却有气泡慢慢流动，初步诊断为制冷剂过多。用歧管压力表测量，高低压端显示的压力值都较额定值高，验证了原注入制冷剂过多的判断。

放出部分制冷剂，使发动机运转，打开空调后从储液干燥器观察窗中看到制冷剂无气泡，并且出风口空气是冷的。再用歧管压力表测量高低压端压力值，均符合要求，表明制冷剂合适。

许多人有这样的认识误区，以为多加注制冷剂有益无害，可增强制冷效果，其实不然。过多的制冷剂会加重压缩机工作负荷，冷凝器不能充分交换热量，反而降低了制冷效果。

小 结

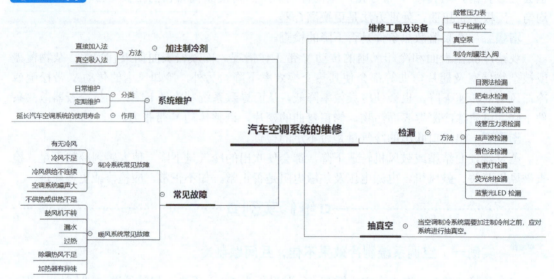

练习思考题

1. 空调系统维修注意事项有哪些？
2. 空调系统常用维修工具及设备有哪些？
3. 试叙述歧管压力表的使用方法。
4. 空调制冷系统检漏常见的方法有哪些？
5. 怎样对空调制冷系统进行抽真空？
6. 加注冷冻机油有哪两种方式？
7. 空调制冷系统的日常维护和定期维护的内容有哪些？汽车空调系统维护作业内容有哪些？
8. 空调制冷系统常见故障有哪些？
9. 如何诊断空调制冷系统无冷风的故障？
10. 暖风系统常见故障有哪些？
11. 如何诊断暖风系统不供热或供热不足的故障？

项目六

典型车型空调系统的结构与维修

□ 项目引入 □

一辆宝来轿车，行驶里程为 6.4 万千米。驾驶员说，空调出现间歇性制冷现象，出风口有时有冷气有时没有冷气，时间长了风口不输送冷气了。第二天开启空调，这个现象又重复发生。

针对该车的故障现象，确定是汽车空调制冷系统存在故障。那么如何查明故障原因并最终排除故障呢？

□ 相关知识 □

一、大众宝来轿车空调系统结构与故障诊断

（一）空调系统的结构

1. 空调系统的组成部件

空调系统的组成部件如图 6-1 所示。

2. 自动空调操作和显示单元 E87 的功能

自动空调操作和显示单元 E87 的功能如图 6-2 所示。

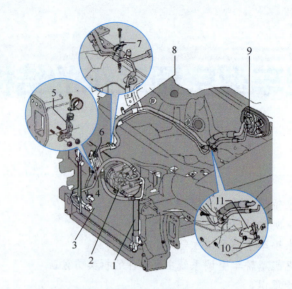

图 6-1　空调系统的组成部件

1—带干燥器筒的储液干燥器（带干燥器筒的储液干燥器安装在冷凝器的左侧）；2—空调压缩机；3—冷凝器；

4—高压传感器 G65；5—支架；6—抽吸和加注阀（高压侧）；7—固定卡箍；8—抽吸和加注阀

（低压侧）；9—膨胀阀；10—六角螺母（20N·m）；11—支架

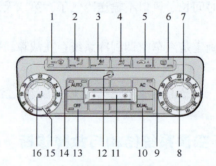

图 6-2　自动空调操作和显示单元 E87 的功能

1—风窗玻璃除霜按钮；2—按钮（上部空气分配）；3—按钮（中部空气分配）；4—按钮（下部空气分配）；
5—循环空气按钮或空气自动循环按钮（按下循环空气按钮切换到循环空气运行模式，并防止污染的空气

进入车内；再次按压循环空气按钮，空气自动循环功能将被激活（仅用于装备空气质量传感器

G238 的车辆）；6—后窗玻璃加热装置按钮；7—右侧车内温度旋钮；8—右侧座椅加热装置

温度按钮；9—按钮 AC（通过操作按钮 AC 可以打开和关闭制冷运行模式；当按钮中的

指示灯亮起，空调压缩机开启）；10—按钮 DUAL（如果按钮中的指示灯亮起，则可以

在左侧和右侧设置不同的温度；如果按下 DUAL 按钮，指示灯熄灭，则在调节驾驶员侧

温度时也对副驾驶员侧的温度进行了调节）；11—鼓风机转速调节按钮（通过短促按压按钮

改变鼓风机转速挡）；12—车内温度传感器；13—空调按钮 OFF（自动空调的开启和关闭）；

14—按钮 AUTO（通过按下 AUTO 按钮，自动空调自动保持所选的车内温度，为此出

风温度、鼓风机转速和空气分配会自动变化）；15—左侧车内温度旋钮；

16—左侧座椅加热装置温度按钮

3. 驾驶室内空调部件布置

驾驶室内空调部件布置如图 6-3 和图 6-4 所示。

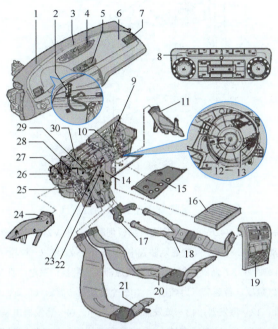

图 6-3　驾驶室内空调部件布置（一）

1—仪表板；2—左侧出风口温度传感器 G150；3—阳光传感器 G107 或阳光传感器 2 G134（作用：根据光照强度控制温度翻板和新鲜空气鼓风机，失灵时的紧急运行采用固定值）；4—间接通风装置出风口；5—中部出风口；6—右侧出风口温度传感器 G151；7—出风口；8—带自动空调控制单元 J255 的操作和显示单元 E87（自动空调控制单元 J255 及操作和显示单元 E87 一起构成了一个不可拆分的部件）；9—新鲜空气 / 循环空气速滞压力翻板伺服电动机 V425；10—加热器和空调暖风装置；11—右侧脚部空间出风口；12—带新鲜空气鼓风机控制单元 J126 的新鲜空气鼓风机电动机 V2（新鲜空气鼓风机控制单元 J126 和新鲜空气鼓风机电动机 V2 位于一个壳体中，因此不可单独更换）；13—插头连接（用于新鲜空气鼓风机控制单元 J126）；14—蒸发器出风口温度传感器 G263；15—加热器隔离板；16—空调滤清器（带活性炭过滤器）；17—管接头（用于后座出风口空气导管，拆卸时必须拆卸中控台）；18—后座出风口空气导管；19—后座出风口；20—右侧脚部空间后座通风道；21—左侧脚部空间后座通风道；22—右侧温度翻板伺服电动机 V159（更换：通过车辆自诊断、测量与信息系统 VAS 5051B（或后续型号）进行基本设置）；23—右侧脚部空间出风口温度传感器 G262；24—左侧脚部空间出风口；25—加热器（热交换器）；26—左侧脚部空间出风口温度传感器 G261；27—左侧温度翻板伺服电动机 V158；28—除霜翻板伺服电动机 V107（更换：通过车辆自诊断、测量与信息系统 VAS 5051B（或后续型号）进行基本设置）；29—前部空气分配器翻板伺服电动机 V426（更换：通过车辆自诊断、测量与信息系统 VAS 5051B（或后续型号）进行基本设置）；30—间接通风翻板伺服电动机 V213

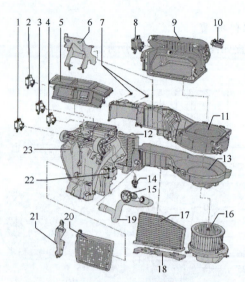

图 6-4　驾驶室内空调部件布置（二）

1—前部空气分配器翻板伺服电动机 V426；2—间接通风翻板伺服电动机 V213；3—除霜翻板伺服电动机 V107；

4—左侧温度翻板伺服电动机 V158；5—间接通风装置中间件；6—支架；7—螺栓（分离空气分配器外壳和

蒸发器外壳时必须旋出螺栓）；8—新鲜空气 / 循环空气速滞压力翻板伺服电动机 V425；9—进气口外壳

（带新鲜空气和循环空气翻板、带速滞压力翻板）；10—空气质量传感器（位置：安装在排水槽右侧）；

11—蒸发器外壳上部件；12—蒸发器；13—蒸发器外壳下部件；14—蒸发器出风口温度传感器 G263；

15—手套箱冷却装置管接头（安装在手套箱上）；16—带新鲜空气鼓风机控制单元 J126 的新鲜空气

鼓风机电动机 V2（不可单独更换，新鲜空气鼓风机控制单元 J126 和新鲜空气鼓风机电动机 V2 组装在一个部件里）；

17—空调滤清器（带活性炭过滤器）；18—盖板（用于空调滤清器）；19—手套箱冷却装置的冷却

软管；20—加热器；21—加热器饰板；22—右侧温度翻板伺服电动机 V159；23—分配器外壳

（二）自动空调空调系统故障诊断

1. 自动空调空调系统故障诊断流程

（1）在车辆自诊断、测量与信息系统 VAS 5051B（或后继型号）上，选择"引导型故障查询"功能。

（2）按顺序选择：自动空调→选择功能→自动空调控制单元→故障存储器→基本设置→检测冷却功率→执行元件诊断→检测温度传感器→编码自动空调控制单元→更换自动空调控制单元→压缩机关闭条件。

2. 自动空调控制单元 J255 上的插头端子的布置

自动空调控制单元 J255 上的插头端子的布置如图 6-5 所示，端子的功能如表 6-1 所示。

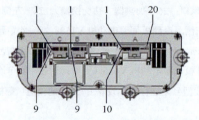

图 6-5　自动空调控制单元 J255 上的插头端子的布置

表 6-1　　　　　　　　　　　自动空调控制单元 J255 端子的功能

插头位置A功能（20端子插头连接，在电路图中为T20c）	插头位置B功能（16端子插头连接，在电路图中为T16i）	插头位置C功能（16端子插头连接，在电路图中为T16h）
1—阳光传感器2 G134或阳光传感器G107，信号	1—用于伺服电动机+5V	1—左侧温度翻板伺服电动机V158，冷
2—高压传感器G65	2—左侧温度翻板伺服电动机电位计G220	2—左侧温度翻板伺服电动机V158，热
3—阳光传感器2 G134或阳光传感器G107，信号	3—右侧温度翻板伺服电动机电位计G221	3—除霜翻板伺服电动机V107，关闭
4—空气质量传感器G238	4—除霜翻板伺服电动机电位计G135	4—除霜翻板伺服电动机V107，打开
5—舒适系统总线CAN-H	5—前部空气分配器翻板伺服电动机电位计G642	5—前部空气分配器翻板伺服电动机V426，仪表板出风口
6—舒适系统总线CAN-L	6—未占用	6—前部空气分配器翻板伺服电动机V426，脚部空间
7—间接通风翻板伺服电动机V213	7—新鲜空气/循环空气速滞压力翻板伺服电动机电位计G644	7—未占用
8—间接通风翻板伺服电动机V213	8—左侧脚部空间出风口温度传感器G261	8—未占用
9—阳光传感器2 G134或阳光传感器G107，+5V	9—右侧脚部空间出风口温度传感器G262	9—新鲜空气/循环空气速滞压力翻板伺服电动机V425，打开
10—可加热驾驶员座椅调节器E94（选装）	10—未占用	10—新鲜空气/循环空气速滞压力翻板伺服电动机V425，关闭
11—可加热副驾驶员座椅调节器E95（选装）	11—蒸发器出风口温度传感器G263	11—右侧温度翻板伺服电动机V159，冷
12—未占用	12—未占用	12—右侧温度翻板伺服电动机V159，热
13—左侧出风口温度传感器G150	13—未占用	13—未占用
14—右侧出风口温度传感器G151	14—电位计信号搭铁线	14—未占用
15—间接通风翻板伺服电动机电位计G330	15—未占用	15—新鲜空气鼓风机控制单元J126
16—接线端30a	16—未占用	16—新鲜空气鼓风机控制单元J126，信号
17—阳光传感器G107、阳光传感器2 G134、左侧出风口温度传感器G150、右侧出风口温度传感器G151和间接通风翻板伺服电动机V213信号搭铁线		
18—空调压缩机调节阀N280		
19—接线端31		
20—接线端30a		

3. 自动空调系统故障码诊断

自动空调系统故障码诊断如表 6-2 所示。

表 6-2　　　　　　　　　　　　　空调系统故障码诊断

故障码	含义	故障原因与排除
00532	供电系统故障	在电子系统电压低于9.5V时，设置该故障码。检查发电机和调节器
00601	中央风门电动机位置传感器	检查中央风门电动机位置传感器和空调控制器之间是否出现断路或对电源、对地短路 如果线路完好，确保中央风门或脚坑风门运动自如 如果中央风门或脚坑风门运动自如，则更换中央风门电动机
00604	通风风门电动机位置传感器	检查通风风门电动机位置传感器和空调控制器之间线路或插头是否出现断路或对电源、对地短路 如果线路完好，确保空气流量风门或新鲜空气风门/循环风门运动自如 如果风门运动自如，则更换空气流量风门电动机
00624	空调压缩机接合	检查发动机控制模块（ECM）和空调控制器之间的线路或插头是否对电源短路 如果线路完好，检查ECM故障 如果ECM功能正常，则用输出诊断测试功能检查空调压缩机的功能
00625	车速信号	检查空调控制器和车速传感器（VSS）、组合仪表或另一个使用这一信号的元件（如收音机或巡航控制器）之间的线路或插头是否断路或对电源短路 如果线路完好，检查VSS在车速里程表上的输出信号是否正确或信号是否受到另一个元件的干扰
00710	除霜器风门电动机	检查除霜器风门电动机和空调控制器之间的线路或插头是否断路或对电源短路 如果线路完好，确保除霜器风门运动自如 如果风门运动自如，则更换除霜器风门电动机
00727	除霜器风门电动机位置传感器	检查除霜器风门电动机位置传感器和空调控制器之间的线路或插头是否断路或对电源、对地短路 如果线路完好，确保除霜器风门活动自如 如果风门活动自如，则更换除霜器风门电动机位置传感器
00756	左侧通风口温度传感器	检查左侧通风口温度传感器和空调控制器之间的线路或插头是否断路或对地短路 如果线路完好，检查左侧通风口温度传感器电阻，必要时更换传感器
00757	右侧通风口温度传感器	检查右侧通风口温度传感器和空调控制器之间的电源线或插头是否断路或短路 如果线路完好，检查右侧通风口温度传感器电阻，必要时更换传感器
00779	车外温度传感器	检查车外温度传感器和空调控制器之间的线路或插头是否断路或对电源、对地短路 如果线路完好，检查车外温度传感器电阻，必要时更换传感器
00785	仪表板温度传感器	如果仪表板温度传感器对地短路、断路或对电源短路，将设置该故障码。仪表板温度传感器和空调控制器是一体的，所以要更换空调控制器
00787	新鲜空气进气温度传感器	检查新鲜空气进气导管温度传感器和空调控制器之间的线路或插头是否断路或对电源、对地短路。必要时检修电路 如果线路完好，检查进气导管温度传感器电阻，必要时更换传感器

续表

故障码	含义	故障原因与排除
00792	空调压缩机开关电路开路或短路	① 检查空调压力开关和空调控制器之间的线路或插头是否断路或对电源、对地短路 如果线路完好，检查冷却风扇是否正常，参考"输出诊断测试模式" 如果风扇运转正常，检查散热器或冷凝器是否太脏。必要时进行清洗和更换 如果散热器和冷凝器没问题，进行下一步 ② 检查冷却风扇速度是否受空调压力开关影响 如果风扇启动正常，故障可能是制冷回路压力太高或太低造成的
00796	车内温度传感器风扇	如果检测到车内温度传感器风扇有故障，将显示该故障码。车内温度传感器风扇和空调控制器是一体的，所以要更换空调控制器
00797	阳光传感器	检查阳光传感器和空调控制器之间的线路或插头是否断路或对电源、对地短路。必要时检修电路 如果线路完好，更换阳光传感器
01044	控制模块编码错误	没有按照规定给控制模块编码，或输入了错误的编码，需要给控制和显示单元重新编码
01087	未进行基本设定	基本设定过程中出现了故障或点火开关已经关闭、更换空调ECU后，未进行重新设定。对未编码的或错误编码的空调ECU进行了基本设定。解决方法是按照规范对空调ECU进行编码，然后重新进行设定
01206	点火开关关闭时间间隔信号	检查组合仪表和空调控制器之间的线路是否断路或对电源、对地短路。必要时检修电路 如果线路完好，检查组合仪表信号。如果信号不对，更换组合仪表
01272	中央风门电动机	检查中央空气风门电动机与空调控制器之间的线路或插头是否断路或短路。必要时检修电路 如果线路完好，确保中央空气风门或脚坑风门能运动自如。必要时进行修理。若活动自如，则检查风门电动机故障。执行输出诊断测试模块，参考"输出诊断测试模式"。必要时进行修理和更换
01273	新鲜空气鼓风机	检查新鲜空气鼓风机和鼓风机控制模块或空调控制器之间的电路是否短路、断路。必要时检修电路 如果电路完好，检查新鲜空气鼓风机控制模块是否对地或对电源断路 如果电路没问题，则更换新鲜空气鼓风机控制模块或鼓风机
01274	通风风门电动机	检查空气流量风门电动机和空调控制器之间的线路或插头是否断路或短路。必要时检修电路 如果电路完好，确保空气流量风门或新鲜空气/循环空气风门能活动自如。必要时进行修理。若活动自如，则检查空气风门电动机故障
01297	地板出口温度传感器	检查地板出风口温度传感器和空调控制器之间的线路或插头是否断路或对地、对电源短路。必要时检修电路 如果电路完好，检查地板出风口温度传感器

故障码	含义	故障原因与排除
01582	冷却液温度信号	检查组合仪表与空调控制器之间的线路是否断路或短路。必要时，检修电路 如果线路完好，检查组合仪表信号，则测试数据块会反映情况
01809	左温度风门位置电动机	检查左温度风门位置电动机和空调控制器之间的线路是否断路或短路 如果左温度风门活动自如，则检查左温度风门位置电动机，必要时修理或更换位置电动机
01810	右温度风门位置电动机	检查右温度风门位置电动机和空调控制器之间的线路是否断路或短路。必要时检修电路 如果线路完好，确保右温度风门活动自如。必要时进行修理 如果右温度风门活动自如，则检查右温度风门位置电动机，必要时修理或更换位置电动机
01841	左温度风门位置电动机电位计/执行器	检查左温度风门电位计/执行器和空调控制器之间的线路是否断路或对地、对电源短路。必要时检修电路 如果线路完好，确保左温度风门活动自如，必要时进行修理 如果活动自如，则更换电位计/执行器

二、通用别克凯越轿车空调系统结构与故障诊断

（一）空调系统的结构

1. 空调系统零部件的安装位置

空调系统零部件的安装位置如表 6-3 所示。

表 6-3　　　　　　　　　　　空调系统零部件的安装位置

部件名称	安装位置
空调压缩机离合器线圈	空调压缩机的一部分，发动机前端右下
车外温度传感器	前保险杠后面，冷凝器左前方车架上
鼓风机电动机	仪表板右侧后部
鼓风机电动机电阻器	杂物箱后面，鼓风机电动机旁边
鼓风机电动机放大器	杂物箱后面，鼓风机电动机旁边
诊断连接器（DLC）	仪表板左侧下部，转向柱左侧
熔丝盒	仪表板左侧，左前车门开口处
手动空调控制面板	仪表板中央
发动机控制模块（ECM）	发动机室，防火墙上
车内温度传感器	仪表板上，收音机的左侧
湿度传感器	仪表板中央，收音机左上侧
阳光传感器	风窗玻璃下，仪表板中央
压缩机离合器继电器	发动机室熔丝盒内

续表

部件名称	安装位置
膨胀阀	防火墙后
冷凝器	发动机散热器前面
储液干燥器	冷凝器右侧
加热器	仪表板下，杂物箱后面
压缩机	发动机前端右下
自动温度控制面板	仪表板中央
内外循环控制电动机	杂物箱后面
出风模式控制电动机	仪表板下护板后侧
冷暖空气混合控制电动机	杂物箱后侧
连接器C101	发动机熔丝盒
连接器C105	发动机熔丝盒
连接器C108	发动机熔丝盒
连接器C201	仪表板熔丝盒
连接器C202	仪表板左下
连接组件S203	收音机后侧
连接组件S204	收音机后侧
搭铁点G201	仪表板熔丝盒
搭铁点G203	收音机支架后面

2. 自动空调系统故障自诊断

自动温度控制面板具有自诊断功能，以帮助诊断空调系统的故障。按以下方法可进入诊断模式，来读取故障码。

（1）点火开关转至接通。

（2）设置控制温度为26℃。

（3）3s内，同时按下"AUTO"和"OFF"按钮至少3次。

（4）观察自动温度控制面板显示屏的显示数字，此显示数字即为故障码。

（5）若系统没有故障，显示屏将不闪烁。

（6）按"OFF"按钮，使系统回到正常模式。

自动空调系统故障码的内容如表6-4所示。

表6-4　　　　　　　　　　　　　　自动空调系统故障码

故障码	内容
DTC1	车内温度传感器故障
DTC2	车外温度传感器故障
DTC3	湿度传感器故障

故障码	内容
DTC4	冷暖空气混合风门故障
DTC5	阳光传感器故障
DTC6	鼓风机电动机放大器故障
DTC7	鼓风机高速继电器故障

3．空调系统性能测试

空调系统性能测试应满足以下条件。

（1）确保冷凝器和发动机散热器表面清洁，无异物，气流不受阻。

（2）确保冷凝器和空调软管无损坏或变形。

（3）确保鼓风机能正常操作。

（4）确保各出风口出风正常，而没有泄漏或堵塞现象。

（5）确保空调压缩机离合器正常吸合，而无打滑现象。

（6）确保空调压缩机驱动带张紧合适。

（7）车门和发动机室盖打开。

（8）空调系统处于工作状态。

（9）内外循环模式处于内循环模式。

（10）温度控制设置在最冷。

（11）风扇转速设置在最大。

（12）车辆停放在室内或遮阴处。

（13）风速应大约 8m/h。

空调系统技术数据如表 6-5 所示。

表 6-5   **空调系统技术数据**

相对湿度/%	车外温度		低压侧压力		高压侧压力		中央出风口温度		发动机转速/（r/min）
	℃	℉	psi	kPa	psi	kPa	℃	℉	
20	21	70	26	179	160	1103	7	45	2000
	27	81	24	165	212	1462	8	46	
	32	90	26	179	277	1910	9	48	
	38	100	33	228	333	2296	14	57	
30	21	70	26	179	160	1103	7	45	2000
	27	81	24	165	220	1517	8	46	
	32	90	27	186	283	1951	10	50	
	38	100	34	234	349	2406	15	59	
40	21	70	26	179	162	1117	8	46	2000
	27	81	26	179	227	1565	9	48	
	32	90	29	200	295	2034	11	52	
	38	100	37	255	364	2510	17	63	

续表

相对湿度/%	车外温度		低压侧压力		高压侧压力		中央出风口温度		发动机转速/（r/min）
	℃	℉	psi	kPa	psi	kPa	℃	℉	
50	21	70	26	179	162	1117	8	46	2000
	27	81	26	179	235	1620	9	48	
	32	90	32	221	304	2096	13	55	
	38	100	71	490	380	2620	19	66	
60	21	70	27	186	165	1138	8	46	2000
	27	81	26	179	246	1696	9	48	
	32	90	34	234	324	2234	15	59	
	38	100	44	303	393	2710	22	72	
70	21	70	27	186	171	1179	9	48	2000
	27	81	28	193	260	1793	10	50	
	32	90	36	248	330	2275	16	61	
	38	100	47	324	401	2765	24	75	
80	21	70	27	186	178	1227	9	48	2000
	27	81	30	207	266	1834	12	54	
	32	90	37	255	339	2337	17	63	
90	21	70	27	186	178	1227	9	48	2000
	27	81	30	207	272	1875	12	54	
	32	90	38	262	340	2344	18	64	

（二）手动空调系统的故障诊断

1. 手动空调暖风和除霜不足故障诊断

（1）遇到手动空调暖风和除霜不足的故障时，首先检查以下项目。

① 发动机冷却液液面高度是否正常。

② 发动机冷却系水泵的驱动带是否张紧。

③ 发动机冷却系水管是否泄漏和堵塞。

④ 发动机散热器盖工作是否正常。

如上述内容有故障，应进行维修。若均正常，应进行下一步检查。

（2）检查仪表板出风口出风情况。

① 关闭空调系统。

② 将风扇速度设置在最高挡。

③ 将温度控制设置在最热位置。

④ 将出风模式开关设置在仪表板出风位置。

⑤ 将点火开关转至接通位置。

观察仪表板出风口出风情况，若出风太少，应检查以下项目。

① 空调空气滤清器是否太脏。

② 鼓风机电动机是否工作正常。

③ 加热器表面是否太脏。

④ 温度控制开关是否能正常操作。

⑤ 冷暖空气混合阀门控制拉线是否脱落。

⑥ 冷暖空气混合阀门是否动作正常。

⑦ 出风通道是否泄漏。

⑧ 出风口是否堵塞。

如上述内容有故障，应进行维修。若仪表板出风口出风正常，应进行下一步检查。

（3）转动风扇速度控制开关，观察鼓风机电动机转速是否相应变化。若鼓风机电动机转速没有相应变化，应检查鼓风机电动机和鼓风机电动机控制电路是否正常。

如上述内容有故障，应进行维修。若鼓风机电动机转速能控制，则进行下一步检查。

（4）检查仪表板出风口温度情况。

① 使发动机至少运转 25min，然后以 50km/h 的速度驱动车辆。

② 将风扇速度设置在最高挡。

③ 将温度控制设置在最热位置。

④ 将出风模式开关设置在仪表板出风。

⑤ 关闭空调系统。

⑥ 用温度计测量出风口温度。

出风口温度与车外环境温度之间的关系如表 6-6 所示。

表 6-6　　　　　　　　　　出风口温度与车外环境温度之间的关系

出风口温度/℃	车外环境温度/℃
54	−18
59	−4
64	10
68	24

若出风口温度在规定值内，则暖风系统正常；若出风口温度不在规定值内，应进行下一步检查。

（5）检查发动机冷却液是否正常循环。

① 关闭空调系统。

② 将温度控制设置在最热位置。

③ 将风扇速度设置在最高挡。

④ 待发动机充分冷却后，打开散热器盖。

⑤ 起动发动机，并怠速运转。

观察发动机冷却液是否正常循环。若发动机冷却液不能正常循环，应检查以下项目。

① 发动机冷却水泵是否正常。

② 节温器是否正常开启。

③ 发动机散热器是否堵塞。

如上述内容有故障,应进行维修。若发动机冷却液能正常循环,应进行下一步检查。

(6) 检查加热器是否堵塞。

① 将温度控制设置在最热位置。

② 将风扇转速设置在最高挡。

③ 起动发动机,并怠速运转,待发动机暖车。

④ 用手感觉加热器进水管与出水管的温差。

正常情况下,加热器进水管温度应高于出水管温度。若加热器进水管与出水管温度相差很小,则应检查以下项目。

◆ 加热器进出水管位置是否装错;

◆ 加热器是否堵塞。

必要时,进行维修。

若加热器进水管温度高于出水管温度,则应进行下一步检查。

(7) 检查温度控制机构和冷暖空气混合阀门是否正常。

首先关闭点火开关,然后将温度控制开关转至最冷位置,并迅速转至最热位置。仔细听能否听到冷暖空气混合阀门动作的声音,若能听到动作的声音,表示冷暖空气混合阀门动作正常,则暖风系统正常;若不能听到动作的声音,表示冷暖空气混合阀门动作不正常,则应检查以下项目。

① 温度控制开关是否正常。

② 冷暖空气混合阀门控制拉线是否脱落。

③ 冷暖空气混合阀门是否卡死。

必要时,进行维修。

对除霜不足,还应进行下一步检查。

(8) 出风模式控制机构和出风模式切换阀门是否有故障。

① 转动出风模式开关,将出风模式设置在不同位置。

② 将风扇速度设置在最高挡。

③ 将点火开关接通。

④ 检查不同出风模式时,相应出风口的出风情况。

若不同出风模式时,相应出风口的出风情况异常,则应检查以下项目。

◆ 出风模式控制开关是否能正常操作;

◆ 出风模式切换阀门控制拉线是否脱落;

◆ 出风模式切换阀门是否卡死。

必要时,进行维修。

2. 手动空调鼓风机不工作的故障诊断

检查鼓风机在哪个挡位不工作。将点火开关接通,将风扇转速设置在不同挡位,观察鼓风机在不同挡位的工作情况,分以下几种情况进行检查。

(1) 若鼓风机在所有挡位都不工作,则应检查以下项目。

① 检查鼓风机电动机是否有故障。

◆ 断开鼓风机电动机线束接头。

◆ 用测试灯跨接鼓风机电动机端子 1 和 2（线束侧）。

◆ 将点火开关接通。

◆ 把风扇开关转至接通位置。

◆ 观察测试灯是否正常启亮。

若测试灯能正常启亮，则应检查鼓风机电动机线束接头是否接触不良，或更换鼓风机电动机。

② 应检查鼓风机电动机搭铁电路是否有故障。

用一端接电池正极的测试灯，另一端接鼓风机电动机端子 2（线束侧）。若测试灯不亮，则应维修鼓风机电动机的搭铁电路。

③ 检查鼓风机电动机电源电路是否有故障。

◆ 检查熔丝 F7，必要时，更换。

◆ 断开手动空调控制面板线束连接。

◆ 用一端搭铁良好的测试灯，另一端接手动空调控制面板端子 B3（线束侧）。

◆ 将点火开关转至接通。

◆ 观察测试灯是否启亮。

若测试灯不启亮，则应维修手动空调控制面板端子 B3 与 15A 号线间电路的接触不良或断路；若测试灯正常启亮，则装回手动空调控制面板线束连接，检查风扇转速开关是否有故障。

◆ 用一端搭铁良好的测试灯，另一端连接手动空调控制面板的端子 A7（线束侧）。

◆ 点火开关转至接通。

◆ 将风扇转速设置在 4 挡。

观察测试灯是否正常启亮。若测试灯不启亮，应更换风扇转速开关；若测试灯正常启亮，则应维修以下电路：30 号线到鼓风机电动机间电路、鼓风机电动机电阻器到鼓风机电动机间电路。

（2）若鼓风机只在 4 挡不工作，则应进行如下检查。

① 检查风扇转速开关是否故障。

◆ 将点火开关转至接通。

◆ 将风扇转速开关转至 4 挡位置。

◆ 将一端接塔铁良好的测试灯，另一端接手动空调控制面板的端子 A7。

若测试灯不亮，则应更换风扇转速开关。

② 检查鼓风机电动机继电器端子 86 与手动空调控制面板端子 A7 间电路是否有故障。

◆ 将点火开关转至接通。

◆ 将风扇转速开关转至 4 挡位置。

◆ 断开鼓风机电动机继电器。

◆ 将一端接搭铁良好的测试灯，另一端接鼓风机电动机继电器端子 86（线束侧）。

若测试灯不启亮，应维修该电路。

③ 检查鼓风机电动机继电器端子 85 与搭铁间电路是否有故障。

◆ 断开鼓风机电动机继电器。

◆ 将一端接蓄电池正极的测试灯，另一端接鼓风机电动机继电器端子 85（线束侧）。

若测试灯不启亮，应维修该电路。

④ 检查鼓风机电动机继电器端子 30 与 30 号线间的电路是否有故障。

◆ 断开鼓风机电动机继电器。

◆ 将一端接搭铁良好的测试灯，另一端接鼓风机电动机继电器端子 30（线束侧）。

若测试灯不启亮，则应维修该电路。

⑤ 检查鼓风机电动机继电器端子 87 与鼓风机电动机间电路是否有故障。

◆ 断开鼓风机电动机继电器。

◆ 点火开关转至接通。

◆ 风扇开关转至 3 挡位置。

◆ 将一端接搭铁良好的测试灯，另一端接鼓风机电动机继电器端子 87（线束侧）。

若测试灯不启亮，应维修该电路。

⑥ 鼓风机电动机继电器是否故障。

若以上电路均正常，应更换鼓风机电动机继电器。

（3）若鼓风机只在 3 挡不工作，则应进行如下检查。

① 检查风扇转速开关是否有故障。

◆ 将点火开关转至接通。

◆ 将风扇转速开关转至 3 挡位置。

◆ 将一端接搭铁良好的测试灯，另一端接手动空调控制面板端子 B1（线束侧）。

若测试灯不启亮，应更换风扇转速开关。

② 检查手动空调控制面板端子 B1 与鼓风机电动机电阻器间电路是否有故障。

◆ 将点火开关转至接通。

◆ 将风扇转速开关转至 3 挡位置。

◆ 断开鼓风机电动机电阻器线束连接。

◆ 用一端接搭铁良好的测试灯，另一端接鼓风机电动机电阻器端子 1（线束侧）。

若测试灯不启亮，应维修该电路。

（4）若鼓风机只在 2 挡不工作，则应进行如下检查。

① 检查风扇转速开关是否故障。

◆ 将点火开关转至接通。

◆ 将风扇转速开关转至 2 挡位置。

◆ 将一端接搭铁良好的测试灯，另一端接手动空调控制面板端子 B2（线束侧）。

若测试灯不启亮，则应更换风扇转速开关。

② 检查手动空调控制面板端子 B2 与鼓风机电动机电阻器间电路是否有故障。

◆ 将点火开关转至接通。

◆ 将风扇转速开关转至 2 挡位置。

◆ 断开鼓风机电动机电阻器线束连接。

◆ 用一端接搭铁良好的测试灯，另一端接鼓风机电动机电阻器端子 2（线束侧）。

若测试灯不启亮，应维修该电路。

（5）若鼓风机只在 1 挡不工作，则应进行如下检查。

① 检查风扇转速开关是否有故障。

◆ 点火开关转至接通。

◆ 风扇转速开关转至 1 挡位置。

◆ 将一端接搭铁良好的测试灯，另一端接手动空调控制面板端子 B4（线束侧）。

若测试灯不启亮，则应更换风扇转速开关。

② 检查手动空调控制面板端子 B4 与鼓风机电动机电阻器间电路是否有故障。

◆ 将点火开关转至接通。

◆ 将风扇转速开关转至 1 挡位置。

◆ 断开鼓风机电动机电阻器线束连接。

◆ 用一端接搭铁良好的测试灯，另一端接鼓风机电动机电阻器端子 4（线束侧）。

若测试灯不启亮，应维修该电路。

③ 检查鼓风机电动机电阻器是否有故障。

◆ 将点火开关转至接通。

◆ 将风扇转速开关转至 1 挡位置。

◆ 用一端接搭铁良好的测试灯，另一端接鼓风机电动机电阻器端子 3（线束侧）。

若测试灯不启亮，则应更换鼓风机电动机电阻器。

3. 手动空调系统供气不当或出风模式无法切换的故障诊断

该故障的检查条件如下。

① 起动发动机，并使发动机达到正常操作温度。

② 保持发动机运转。

③ 按表 6-7 检查暖风 / 除霜功能。

表 6-7　　　　　　　　　　　　检查暖风 / 除霜功能

控制设置			正确结果				
出风模式旋钮	温度控制旋钮	风扇转速开关	鼓风机转速	仪表板出风口	地板出风口	除霜出风口	仪表板侧出风口
仪表板出风	冷	关	零	无风	无风	无风	无风
仪表板出风	冷	4挡	高	自然风	无风	无风	无风
地板出风	冷到热	4挡	高	无风	冷风到热风	最小冷风到热风	最小冷风到热风
除霜	冷到热	4挡	高	无风	最小冷风到热风	冷风到热风	最小冷风到热风

若检查结果与以上正确结果不同，则执行以下检查。

（1）检查出风模式控制旋钮是否操作正常。转动出风模式控制旋钮，是否动作自如。必要时，更换零件。

（2）检查出风模式控制阀门拉线是否损坏。必要时，更换零件。

（3）检查出风模式控制阀门是否动作自如。转动出风模式旋钮，检查相应出风口出风情况。若不能切换出风模式，应更换出风模式控制阀门。

4. 鼓风机噪声的故障诊断

（1）确定鼓风机噪声产生的条件。

① 坐在车内。

② 关闭所有车门和车窗。

③ 点火开关转至接通。

④ 起动发动机。

⑤ 将温度控制设置到最冷位置。

⑥ 将鼓风机的所有风速、出风模式、温度控制位置循环操作，以确定鼓风机噪声出现的条件。

观察鼓风机噪声是否出现在高风速或出现在一定出风模式，但低风速或其他出风模式没有。若在高风速或一定出风模式才产生噪声，则应进行以下检查。

（2）检查鼓风机噪声是否只出现在除霜模式。

① 将鼓风机转速设置到最大。

② 分别在除霜、地板出风、仪表板出风模式下，转动温度控制旋钮（从最热到最冷）。

若只在除霜模式有噪声，应进行以下检查：

◆ 风道是否有异物或被堵塞；

◆ 地板／除霜风门密封圈是否泄漏。

必要时清理或维修。若鼓风机噪声不在高速或一定出风模式下产生，应进行下一步检查。

（3）检查鼓风机壳体是否振动过大。

点火开关转至接通，然后转动风扇转速控制旋钮。

若鼓风机壳体振动过大，应检查以下项目。

① 鼓风机风扇是否异常损坏。

② 鼓风机风扇叶片是否断裂。

③ 鼓风机风扇毂是否断裂。

④ 鼓风机风扇固定螺母是否松脱。

⑤ 鼓风机风扇是否失调。

⑥ 鼓风机壳体是否异常磨损。

必要时，修理或更换鼓风机电动机和风扇总成。若壳体振动不大，则应进行下一步检查。

（4）检查鼓风机进口处是否有异物。

拆出鼓风机和风扇总成。观察是否在鼓风机进口处有异物。必要时，清理。

若没有异物，应进行下一步检查。

（5）检查鼓风机噪声是否只出现在仪表板出风模式。

若只在仪表板出风模式有噪声，应进行以下检查。

① 风道是否有异物或被堵塞。

② 仪表板风门密封圈是否泄漏。

必要时，清理或维修。若鼓风机噪声出现在所有出风模式，则应进行下一步检查。

（6）检查鼓风机噪声是否在所有温度位置。

若不在所有温度位置，应检查温度控制风门密封圈，必要时，维修；若噪声在所有温度位置都出现，则应检查风扇与温度控制风门之间是否有异物。

必要时，进行维修或清理。

5. 空调系统的泄漏测试

空调系统测漏仪一般有卤素泄漏检测器、荧光泄漏检测器、液体泄漏检测器和电子泄漏检测器。

进行空调系统维修时，如果拆装过空调软管或管路连接处，都要对系统进行泄漏检查。泄漏部位通常在制冷剂加注口和管路连接处。

（1）泄漏原因

泄漏一般由以下原因引起：紧固力矩不当；O 形圈（O 形密封圈）损坏；O 形圈上有灰尘或碎屑；O 形圈上缺少润滑油。

（2）空调泄漏测试方法

① 应对所有空调管路进行测试。

② 在每个连接处以 25 ～ 50mm/s 的速度圆周移动测漏仪。

③ 测漏仪的探测头离被测表面应小于 6mm。

④ 不能阻挡空气进入。

⑤ 当测漏仪每秒 1 ～ 2 声连续报警时，表示该处有泄漏。同时应及时调整测漏仪平衡按钮，以保持每秒 1 ～ 2 声的报警。

（3）重点检查位置

① 蒸发器的进出口处。

② 储液干燥器的进、出口处。

③ 冷凝器的进、出口处。

④ 所有焊接处。

⑤ 有损坏迹象的区域。

⑥ 空调软管连接处。

⑦ 压缩机的后端。

⑧ 所有管路连接处。

⑨ 制冷剂加注口。

⑩ 压力传感器处。

当泄漏部位被找到时，仍应检查所有空调管路，以免漏查，确保整个系统没有泄漏。

（4）蒸发器泄漏测试方法

蒸发器处泄漏不易被发现，可按以下方法进行泄漏测试。

① 让鼓风机高速运转至少 15min。

② 关闭鼓风机。

③ 等待 10min。

④ 拆卸鼓风机电动机电阻器。

⑤ 将测漏仪探测头从鼓风机电动机电阻器处插入，尽可能靠近蒸发器，即可进行泄漏测试。若蒸发器有泄漏，测漏仪会报警提示。

6. 空调制冷不足的故障诊断

（1）首先检查出风口温度是否在规定值范围内。

①检查空调熔丝 Ef17。

②检查鼓风机是否能正常操作。

③检查发动机冷却风扇是否能正常操作。

④检查空调压缩机驱动带。

⑤检查冷凝器表面是否有异物或变形。

⑥检查压缩机离合器是否能正常接合。

⑦打开空调。

检查出风口温度，至少应低于车外环境温度 7℃。

若出风口温度不低于车外环境温度 7℃，则应进行下一步检查。

（2）检查空调系统低压和高压是否在规定值以内。

①将点火开关转至"LOCK"位置。

②连接高压和低压表。高、低压值应在 69～345kPa 范围内。

若系统压力太低，应检查空调系统的泄漏。必要时，维修泄漏处，并重新充注制冷剂；若系统压力高于 345kPa，则应进行下一步检查。

（3）检查压缩机离合器能否正常接合。

①起动发动机，并怠速运转。

②打开空调开关。

③内外循环切换至外循环状态。

④风扇风速设置在 4 挡。

⑤温度设置在最冷位置。

观察压缩机离合器是否正常接合。若不能接合，应检查压缩机离合器是否有故障。

①转动点火开关至"LOCK"位置。

②断开空调离合器线束连接。

③用跨接线连接离合器电磁线圈端子与搭铁端。

④用带熔丝的跨接线连接离合器电磁线圈另一端子与蓄电池正极。

观察离合器是否动作。若不动作，应更换离合器电磁线圈；若动作，则应维修空调压缩机离合器控制电路；若压缩机离合器能正常接合，应进行下一步检查。

（4）检查压缩机是否有敲击声。

反复操作空调开关，确认压缩机是否有敲击声。若压缩机有异响，应更换压缩机；若没有异响，则应进行下一步检查。

（5）检查蒸发器进口管和出口管是否有明显温差。

①关闭所有车窗和车门。

②打开空调开关。

③内外循环切换至外循环状态。

④风扇风速设置在 4 挡。

⑤温度设置在最冷位置。

⑥起动发动机，并怠速运转 5min。

⑦感觉蒸发器出口管与进口管的温度。

若蒸发器进口管与出口管没有明显温差，应更换膨胀阀；若蒸发器进口管与出口管有明显温差，则应进行下一步检查。

（6）检查空调系统低压侧和高压侧压力是否位于"空调系统低压侧和高压侧压力对应关系图"的空白部分。

空调系统低压侧和高压侧压力对应关系如图 6-6 所示。

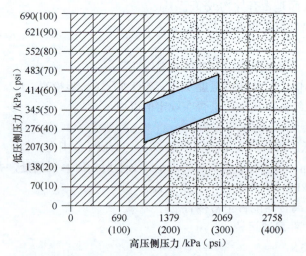

图 6-6　空调系统低压侧和高压侧压力对应关系

① 让空调系统工作 5min 或更长时间。

② 在发动机冷却风扇运转的情况下，记录低压侧和高压侧压力。

③ 找出图 6-6 蓝色部分的压力值。

若低压侧和高压侧压力值位于图 6-6 的蓝色部分，表示空调系统正常。

若其压力值不在图 6-6 的蓝色部分，则应进行下一步检查。

（7）检查空调系统低压侧压力和高压侧压力是否位于图 6-6 的灰色部分。

若低压值位于关系图的灰色部分，应检查冷凝器与膨胀器阀的软管是否感觉冷。若软管感觉冷应检查以下项目。

① 冷凝器外表是否有异物或变形；

② 发动机冷却风扇是否正常运转。

必要时，清理或维修。

若软管感觉不冷，应检查空调系统是否泄漏。

若压力值不位于图 6-6 的灰色部分，应进行下一步检查。

（8）观察空调系统低压侧压力和高压侧压力是否在规定值以内。

若空调系统压力值不在规定值 207kPa 以内，则应检查空调系统低压侧压力值是否在规定值 172 ～ 241kPa 内。

① 若空调系统压力值在规定值以内，检查膨胀阀前的高压管是否感觉到冷。若感觉到冷，则应更换高压管；若感觉不到冷，应添加 0.4kg 制冷剂。

② 若空调系统压力值不在规定值以内，应重新充注制冷剂，或更换压缩机压力调节阀，或修理空调系统泄漏；若空调系统压力值在规定值 207kPa 以内，则应进行下一步检查。

（9）检查压缩机是否故障。

① 让发动机转速达到 3000r/min。

② 开启空调开关。

③ 内外循环切换至外循环状态。

④ 风扇风速设置在 4 挡。

⑤ 温度设置在最冷位置。

⑥ 关闭所有车门和车窗。

⑦ 3min 内，每 20s 开关一次空调。

观察低压表和高压表指示压力是否慢慢上升，是否压缩机低压管温、高压管热。若是，应更换压缩机；若不是，则应更换压缩机压力调节阀，或检查系统是否泄漏。

7. 空调系统压力异常的故障诊断

空调系统压力异常的故障诊断如表 6-8 所示。

表 6-8　　　　　　　　　　　　空调系统压力异常的故障诊断

测试结果	相关症状	可能原因	措施
高压异常高	压缩机停止工作后，高压压力迅速下降299kPa，然后缓慢下降	系统中有空气	回收制冷剂，并抽真空后，重新加注制冷剂
	冷凝器过热	系统中制冷剂过量	
	冷凝器散热差	冷凝器或发动机散热器表面脏	清理冷凝器或发动机散热器表面
		冷却风扇工作不良	检查冷却风扇及其控制电路
	到冷凝器的空调管过热	制冷剂循环受阻	维修堵塞的部件
高压异常低	冷凝器不热	系统中制冷剂少	检查系统中泄漏处，并添加制冷剂
	压缩机停止工作后，高低压很快达到平衡 低压侧压力偏高	压缩机压力释放阀故障	修理或更换压缩机
		压缩机密封圈损坏	
	膨胀阀出口不结霜 低压表指示真空	膨胀阀故障	更换膨胀阀
		系统中有水分	回收制冷剂，并抽真空后，重新加注制冷剂
低压异常低	冷凝器不热	系统中制冷剂少	修理系统泄漏，回收制冷剂，并抽真空后，重新加注
	膨胀阀不结霜，且低压管不冷低压表指示真空	膨胀阀故障	更换膨胀阀
		膨胀阀堵塞	
	高压管温度低，且仪表板出风口出风受阻	蒸发器结霜	清理蒸发器出水口
	膨胀阀结霜	膨胀阀卡死	清理或更换膨胀阀
	储液干燥器出口冷，且入口暖	储液干燥器堵塞	更换储液干燥器

续表

测试结果	相关症状	可能原因	措施
低压异常高	低压管和检查口处比蒸发器附近温度低	膨胀阀开度太大	更换膨胀阀
		毛细管松	
	当用水冷却冷凝器时，低压降低	系统中制冷剂过量	回收制冷阀，并抽真空后，重新加注制冷剂
	当压缩机停止工作后，高低压很快相等	压缩机垫子损坏	修理或更换压缩机
		压缩机高压阀故障	
	当压缩机工作时，高低压表指示不稳定	压缩机高压阀被灰尘粘住	
低压和高压同时异常高	通过冷凝器的空气量少	冷凝器或发动机散热器翼片变形	清理冷凝器和发动机散热器
		冷却风扇工作不良	检查冷却风扇及其控制电路
	冷凝器过热	系统中制冷剂过量	回收制冷剂，并抽空后，重新加注制冷剂
低压和高压同时异常低	低压管比蒸发器冷	低压管堵塞或变形	清理或更换低压管
	膨胀阀附近温度比储液干燥器附近低	高压管堵塞	清理或更换高压管
制冷剂泄漏	压缩机离合器脏	压缩机轴密封圈处泄漏	修理或更换压缩机
	压缩机螺钉脏	压缩机螺钉处泄漏	紧固螺钉或更换压缩机
	压缩机垫子处喷油	压缩机垫子处泄漏	修理或更换压缩机

（三）自动空调系统故障诊断

1．自动温度控制空调系统无暖风的故障诊断

（1）检查发动机冷却液液位是否正常。必要时，添加冷却液。

若冷却液液位正常，则进行下一步检查。

（2）进入系统自诊断模式，执行系统自诊断。

若系统设定故障码，则按相应故障码的诊断步骤检查；若系统没有故障码，应进行下一步检查。

（3）检查鼓风机电动机是否有故障。

① 点火开关转至接通。

② 转动风扇转速控制旋钮。

观察鼓风机电动机是否正常运转。若鼓风机电动机不工作，参考鼓风机电动机不工作的诊断步骤进行检查；若鼓风机电动机正常运转，应进行下一步检查。

（4）检查各出风口出风情况。

① 让鼓风机运转。

② 用"MODE"按钮切换不同的出风模式。

③ 观察相应出风口的出风情况。

若出风口出风异常，应拆出加热器出风口，检查是否堵塞。必要时，清理；若出风口出风正常，则应进行下一步检查。

（5）检查冷暖空气混合控制电动机是否动作正常。

① 从 18℃ 到 32℃ 改变设置温度。

② 从 32℃ 到 18℃ 改变设置温度。

若冷暖空气混合控制电动机动作异常，应参考相应检查步骤进行检查；若冷暖空气混合控制电动机动作正常，则应进行下一步检查。

（6）检查发动机冷却水管是否泄漏或扭曲。必要时，修理。

若发动机冷却水管没有泄漏和扭曲，应进行下一步检查。

（7）检查发动机散热器盖是否正常。必要时，更换。

若正常，应进行下一步检查。

（8）检查发动机冷却液循环是否正常。

① 关闭空调开关。

② 将温度设置在 32℃。

③ 将风扇转速设置在最大位置。

④ 拆下发动机散热器盖。

⑤ 起动发动机，并怠速运转。

⑥ 当节温器打开时，观察发动机冷却液的循环。

若发动机的冷却液循环不正常，应检查以下项目：节温器、发动机冷却水泵、发动机冷却系统。

必要时，进行修理或更换相应元件。

若发动机冷却系统循环正常，则应进行下一步检查。

（9）检查加热器进出水管温度是否正常。

正常时，加热器进水管热、出水管暖。

若不是进水管热、出水管暖，应清理加热器或更换；若加热器进水管热，且出水管暖，则进行下一步检查。

（10）检查冷气是否泄漏到仪表板和加热器。

若泄漏，修理泄漏处；若没有泄漏，则进行下一步检查。

（11）检查相关传感器是否故障。

需检查的传感器有：

① 发动机冷却液温度传感器；

② 车内温度传感器；

③ 车外温度传感器；

④ 阳光传感器。

若以上传感器及其控制线路有故障，必要时，修理或更换；若以上传感器及其控制电路正常，应更换自动温度控制面板。

2. 自动温度控制空调系统无冷气的故障诊断

（1）进入系统自诊断模式，执行系统自诊断。

若有故障码，按相关故障码的检查方法检查；若没有故障码，则进行下一步检查。

（2）检查鼓风机电动机是否有故障。

① 点火开关转至接通。

② 转动风扇转速控制旋钮。

③ 观察鼓风机电动机是否正常运转。

若鼓风机电动机不工作，应参考鼓风机电动机不工作的诊断步骤进行检查；若鼓风机电动机正常运转，则应进行下一步检查。

（3）检查各出风口出风情况。

① 让鼓风机运转。

② 用"MODE"按钮切换不同的出风模式。

③ 观察相应出风口的出风情况。

若出风口出风异常，应拆出加热器出风口，检查是否堵塞。必要时，清理；若出风口出风正常，则应进行下一步检查。

（4）检查冷暖空气混合控制电动机是否动作正常。

① 从 18℃到 32℃改变设置温度。

② 从 32℃到 18℃改变设置温度。

若冷暖空气混合控制电动机动作异常，应参考相应检查步骤进行检查。

若冷暖空气混合控制电动机动作正常，则应进行下一步检查。

（5）将自动温度控制面板设置在"AUTO"模式，检查湿度传感器周围是否有水气。

若有水气，应更换湿度传感器；若无水气，则应进行下一步检查。

（6）检查以下传感器是否正常。

① 车外温度传感器。

② 阳光传感器。

③ 发动机冷却液温度传感器。

④ 车内温度传感器。

⑤ 湿度传感器。

若以上传感器及其控制电路有故障，必要时，修理或更换；若以上传感器及其控制电路正常，则应更换自动温度控制面板。

3. 自动温度控制空调系统鼓风机不工作的故障诊断

（1）检查熔丝 F7 和 Ef13。

若熔丝熔断，应更换；若熔丝正常，则应进行下一步检查。

（2）检查鼓风机电动机电源电路是否有故障。

① 断开鼓风机电动机线束连接。

② 点火开关转至接通。

③ 用一端接搭铁良好的测试灯，另一端接鼓风机电动机端子 1（线束侧）。

若测试灯不启亮，则应检查以下项目。

① 检查鼓风机电动机继电器端子 30 和 30 号线间电路是否有故障。

◆ 断开鼓风机电动机继电器。

◆ 将一端接搭铁良好的测试灯，另一端接继电器端子 30（线束侧）。

若测试灯不启亮，修理鼓风机电动机继电器端子 30 与 30 号线间的电路。

② 检查鼓风机电动机继电器端子 86 与 15A 号线间电路是否有故障。

◆ 断开鼓风机电动机继电器。

◆ 点火开关转至接通。

◆ 将一端接蓄电池正极的测试灯，另一端接鼓风机电动机继电器端子 86（线束侧）。

若测试灯不启亮，则修理鼓风机电动机继电器端子 86 与 15A 号线间的电路。

③ 检查鼓风机电动机继电器端子 85 与搭铁间电路是否有故障。

◆ 断开鼓风机电动机继电器。

◆ 将一端接蓄电池正极的测试灯，另一端接鼓风机电动机继电器端子 85（线束侧）。

若测试灯不启亮，则修理鼓风机电动机继电器端子 85 与搭铁间的电路。

④ 检查鼓风机电动机继电器端子 87 与鼓风机电动机端子 1 间电路是否有故障。

◆ 断开鼓风机电动机继电器。

◆ 断开鼓风机电动机线束连接。

◆ 用带熔丝的跨接线跨接鼓风机电动机继电器端子 30 与 87（线束侧）。

◆ 用一端接搭铁良好的测试灯，另一端接鼓风机电动机端子 1（线束侧）。

若测试灯不启亮，则修理鼓风机电动机端子 1 与鼓风机电动机继电器端子 87 间电路。

⑤ 检查鼓风机电动机继电器是否有故障。

若鼓风机电动机继电器端子 86 与 15A 号线间电路、鼓风机电动机继电器端子 85 与搭铁间电路、鼓风机电动机继电器端子 30 与 30 号线间电路、鼓风机电动机继电器端子 87 与鼓风机电动机端子 1 间电路均正常，则按以下方法检查。

◆ 断开鼓风机电动机高速继电器。

◆ 点火开关转至接通。

◆ 用一端接搭铁良好的测试灯，另一端接鼓风机电动机高速继电器端子 1（线束侧）。

若测试灯不启亮，更换鼓风机电动机继电器端子；若测试灯正常启亮，则应进行下一步检查。

（3）检查鼓风机电动机是否有故障。

① 点火开关转至接通。

② 用一端接搭铁良好的测试灯，另一端接鼓风机电动机端子 12（线束侧）。

若鼓风机电动机不工作，应更换鼓风机电动机。

（4）检查鼓风机电动机端子 2 与鼓风机电动机高速继电器端子 30 间电路是否有故障。

① 断开鼓风机电动机高速继电器。

② 点火开关转至接通。

③ 用一端接搭铁良好的测试灯，另一端接鼓风机电动机高速继电器端子 30（线束侧）。

若鼓风机电动机不运转，应修理鼓风机电动机端子 2 与鼓风机电动机高速继电器端子 30 间电路。

（5）检查鼓风机电动机端子 2 与鼓风机电动机功率放大器端子 6 间电路是否有故障。

① 断开鼓风机电动机功率放大器。

② 点火开关转至接通。

③ 用一端接搭铁良好的测试灯，另一端接鼓风机电动机高速继电器端子 6（线束侧）。

若鼓风机电动机不工作，应修理鼓风机电动机端子 2 与鼓风机电动机功率放大器端子 6

间电路。

若鼓风机电动机能运转，则应进行下一步检查。

（6）检查鼓风机电动机放大器端子 3 与搭铁间电路是否有故障。

① 断开鼓风机电动机功率放大器。

② 用一端接蓄电池正极的测试灯，另一端接鼓风机电动机功率放大器端子 3（线束侧）。

若测试灯不启亮，应修理鼓风机电动机功率放大器端子 3 与搭铁间电路；若测试灯正常启亮，则应进行下一步检查。

（7）检查鼓风机电动机高速继电器端子 87 与搭铁间电路是否有故障。

① 断开鼓风机电动机高速继电器。

② 用一端接蓄电池正极的测试灯，另一端接鼓风机电动机高速继电器端子 87（线束侧）。

若测试灯不启亮，应修理鼓风机电动机高速继电器端子 87 与搭铁间电路；若测试灯正常启亮，则应进行下一步检查。

（8）检查自动温度控制面板是否有故障。

① 断开自动温度控制面板。

② 点火开关转至接通。

③ 用一端接搭铁的测试灯，另一端接自动温度控制面板端子 A10（线束侧）。

若鼓风机电动机不工作，则应检查以下项目。

① 检查自动温度控制面板端子 A10 与鼓风机电动机高速继电器端子 85 电路是否有故障。必要时，修理。

② 检查鼓风机电动机高速继电器端子 86 与 15A 号线间电路是否有故障。必要时，修理。

③ 检查鼓风机电动机高速继电器是否有故障。必要时，更换。

若鼓风机电动机高速运转，则应更换自动温度控制面板；若鼓风机电动机只能高速运转，还应检查以下项目。

① 检查自动温度控制面板端子 B1 与鼓风机电动机功率放大器端子 4 间电路是否有故障。必要时，修理。

② 检查鼓风机电动机功率放大器是否有故障。必要时，更换。

③ 检查自动温度控制面板是否有故障。必要时，更换。

4. 自动温度控制空调系统出风模式不能切换的故障诊断

（1）检查熔丝 F7。

若熔丝熔断，应更换；若完好，则应进行下一步检查。

（2）检查出风模式控制电动机的电源电路是否有故障。

① 断开出风模式控制电动机。

② 点火开关转至接通。

③ 用一端接搭铁良好的测试灯，另一端接出风模式控制电动机端子 4（线束侧）。

若测试灯不启亮，修理出风模式控制电动机端子 4 与 15A 号线间电路；若测试灯正常启亮，则进行下一步检查。

（3）检查出风模式控制电动机搭铁电路是否有故障。

① 断开出风模式控制电动机线束连接。

② 用一端接蓄电池正极的测试灯，另一端接出风模式控制电动机端子 5（线束侧）。

若测试灯不启亮，修理出风模式控制电动机端子 5 与搭铁间电路；若测试灯正常启亮，则应进行下一步检查。

（4）检查出风模式控制电动机端子电压与出风模式是否对应。

首先用数字式万用表测量自动温度控制面板端子与出风模式控制电动机端子 B16/3、B17/2、B18/1、B19/7 和 B20/6 的电压。

出风模式与出风模式控制电动机端子电压对应关系如表 6-9 所示。

然后改变出风模式选择。

表 6-9　　　　出风模式与出风模式控制电动机端子电压对应关系　　　　（单位：V）

出风模式	出风模式控制电动机连接器端子				
	自动温度控制面板/出风模式控制电动机				
	B16/3	B17/2	B18/1	B19/7	B20/6
仪表板出风	11~14	11~14	11~14	11~14	0
仪表板/地板出风	11~14	11~14	11~14	0	11~14
地板出风	11~14	11~14	0	11~14	11~14
地板出风/除霜	11~14	0	11~14	11~14	11~14
除霜	0	11~14	11~14	11~14	11~14

若所测端子电压与表 6-9 一致，则应更换出风模式控制电动机；若所测端子电压与表 6-9 不一致，应检查以下项目。

① 检查自动温度控制面板端子 B16 与出风模式控制电动机端子 3 间电路是否有故障。必要时，修理。

② 检查自动温度控制面板端子 B17 与出风模式控制电动机端子 2 间电路是否有故障。必要时，修理。

③ 检查自动温度控制面板端子 B18 与出风模式控制电动机端子 1 间电路是否有故障。必要时，修理。

④ 检查自动温度控制面板端子 B19 与出风模式控制电动机端子 7 间电路是否有故障。必要时，修理。

⑤ 检查自动温度控制面板端子 B20 与出风模式控制电动机端子 6 间电路是否有故障。必要时，修理。

⑥ 检查自动温度控制面板是否有故障。必要时，修理。

5. 自动温度控制空调系统的内外循环切换电动机不工作的故障诊断

（1）检查熔丝 F7。

若熔断，应更换；若完好，则应进行下一步检查。

（2）检查内外循环切换电动机电源电路是否有故障。

① 断开内外循环切换电动机线束连接。

② 点火开关转至接通。

③ 用一端接搭铁良好的测试灯，另一端接内外循环切换电动机端子 4（线束侧）。

若测试灯不启亮，修理内外循环切换电动机端子 4 与 15A 号线间电路；若测试灯正常启亮，则应进行下一步检查。

（3）检查内外循环切换电动机端子电压与内外循环状态是否对应。

首先用数字式万用表测量自动温度控制面板端子与内外循环切换电动机端子 B13/5 和 B14/7 的电压。然后改变内外循环状态。

内外循环状态与内外循环切换电动机端子电压对应表如表 6-10 所示。

表 6-10　　　　内外循环状态与内外循环切换电动机端子电压对应表　　　　（单位：V）

内外循环状态	内外循环切换电动机连接器端子	
	全自动温度控制面板/内外循环切换电动机	
	B13/5	B14/7
内循环	11～14	0
外循环	0	11～14

若所测端子电压与表 6-10 一致，则应更换内外循环切换电动机；若所测端子电压与表 6-10 不一致，应检查以下项目。

① 检查自动温度控制面板端子 B13 与内外循环切换电动机端子 5 间电路是否有故障。必要时，修理。

② 检查自动温度控制面板端子 B14 与内外循环切换电动机端子 7 间电路是否有故障。必要时，修理。

③ 检查自动温度控制面板是否故障。必要时，更换。

6. 自动温度控制空调系统的空调压缩机电磁离合器不吸合的故障诊断

（1）检查熔丝 F7 和 F6。

若熔断，更换；若完好，则进行下一步检查。

（2）检查空调压缩机电磁离合器的控制电路是否有故障。

应检查以下电路。

① 检查空调压缩机电磁离合器的搭铁电路是否有故障。必要时，修理。

② 检查空调压缩机电磁离合器的端子 1 与压缩机继电器端子 87 间电路是否有故障。必要时，修理。

③ 检查压缩机继电器端子 30 与 30 号线间电路是否有故障。必要时，修理。

④ 检查压缩机继电器端子 86 与 15A 号线间电路是否有故障。必要时，修理。

⑤ 检查压缩机继电器端子 85 与发动机控制模块（ECM）间电路是否有故障。必要时，修理。

⑥ 检查压缩机继电器是否有故障。必要时，更换。

⑦ 检查压缩机电磁离合器是否有故障。必要时，修理或更换。

若以上项目均正常，则进行下一步检查。

（3）检查自动温度控制面板控制压缩机离合器的信号是否正常。

① 断开发动机控制模块（ECM）线束连接。

② 点火开关转至接通。

③ 打开空调开关。

④ 用数字式万用表测量发动机控制模块（ECM）线束端子 B10/K35 与搭铁之间电压。

若所测电压为 11 ～ 14V，则应检查发动机控制模块（ECM）线束连接。必要时，更换发动机控制模块（ECM）；若所测电压不在 11 ～ 14V 内，则应检查以下项目。

◆ 检查发动机控制模块（ECM）与自动温度控制面板端子 A11 间的电路是否有故障。必要时，修理。

◆ 检查自动温度控制面板是否有故障。必要时，更换。

7. 车内温度传感器故障（故障码 DTC1）诊断

（1）检查车内温度传感器是否有故障。

① 拆出自动温度控制面板。

② 断开自动温度控制面板线束连接。

③ 用数字式万用表测量自动温度控制面板端子 A16 和 A13（线束侧）间电阻值。车内温度传感器的标准电阻值为：20 ～ 25℃时，2100 ～ 2600Ω。若所测电阻值不在规定范围内，应更换车内温度传感器；若所测电阻值在规定范围内，则进行下一步检查。

（2）检查自动温度控制面板是否有故障。

① 点火开关转至接通。

② 用数字式万用表测量自动温度控制面板端子 A16 和 A13 的电压。标准电压应大于 4V。

若所测电压不在规定范围内，检查车内温度传感器连接器是否接触不良，必要时，清理或更换车内温度传感器；若所测电压在规定范围内，则应更换自动温度控制面板。

8. 冷暖空气混合风门故障（故障码 DTC4）诊断

（1）检查冷暖空气混合控制电动机是否有故障。

① 断开冷暖空气混合控制电动机线束连接。

② 用数字式万用表测量电动机端子 5 和 7 间电阻。

若所测电阻值为无穷大或接近 0，应更换冷暖空气混合控制电动机；若所测电阻值表示电动机无断路、无短路现象，则应进行下一步检查。

（2）检查冷暖空气混合控制电动机上的电阻器是否有故障。

① 用数字式万用表测量电动机端子 2 和 3 间的电阻，标准电阻值大约为 3000Ω。

② 用数字式万用表分别测量电动机端子 2 和 6，3 和 6 间电阻。电动机端子 2 和 6 间电阻及电动机端子 3 和 6 间电阻约为 3000Ω。

若所测电阻值与规定值不同，应更换冷暖空气混合控制电动机；若所测电阻值与规定值相同，则应进行下一步检查。

（3）检查自动温度控制面板与冷暖空气混合控制电动机间电路是否有故障。

① 拆出自动温度控制面板。

② 断开自动温度控制面板线束连接。

进行以下检查。

◆ 检查自动温度控制面板端子 A2 与冷暖空气混合控制电动机端子 7 间电路是否有故障。必要时，修理。

◆ 检查自动温度控制面板端子 A8 与冷暖空气混合控制电动机端子 5 间电路是否有故障。必要时，修理。

◆ 检查自动温度控制面板端子 B4 与冷暖空气混合控制电动机端子 3 间电路是否有故障。必要时，修理。

◆ 检查自动温度控制面板端子 B5 与冷暖空气混合控制电动机端子 6 间电路是否有故障。必要时，修理。

◆ 检查自动温度控制面板端子 B6 与冷暖空气混合控制电动机端子 2 间电路是否有故障。必要时，修理。

若以上电路均正常，则应进行下一步检查。

（4）检查自动温度控制面板是否有故障。

① 装回冷暖空气混合控制电动机线束连接。

② 装回自动温度控制面板线束连接。

③ 点火开关转至接通。

④ 用数字式万用表测量自动温度控制面板端子 B5 与搭铁间电压。电压标准值小于 4V。

若所测电压不在标准范围内，应更换自动温度控制面板；若所测电压在标准范围内，则应进行下一步检查。

（5）检查冷暖空气混合控制风门是否动作正常。

① 检查将温度控制设置在 18℃。

② 用数字式万用表测量自动温度控制面板端子 A8 与搭铁间电压。电压标准大约为 12V。

③ 将温度设置逐渐升高至 32℃，数字式万用表显示的电压值应从 12V 降为 0V。

若所测电压不在规定范围内，应更换冷暖空气混合控制电动机或自动温度控制面板或冷暖空气混合控制风门。

若所测电压在规定范围内，则应进行以下检查。

用数字式万用表测量自动温度控制面板端子 A2 与搭铁间电压。当温度设置逐渐降至 18℃时，数字式万用表显示电压应从 12V 降为 0V。

9. 阳光传感器故障（故障码 DTC5）诊断

（1）检查阳光传感器是否有故障。

① 拆出自动温度控制面板。

② 断开自动温度控制面板线束连接。

③ 用数字式万用表测量自动温度控制面板的端子 B10 和 A13 间电阻。电阻标准值：约 0Ω。

若所测电阻值不在规定范围内，应更换阳光传感器；若所测电阻值在规定范围内，则应进行下一步检查。

（2）检查自动温度控制面板是否有故障。

① 重新连接自动温度控制面板线束。

② 点火开关转至接通。

③ 用数字式万用表测量自动温度控制面板的端子 B10 和 A13 间电压。电压标准值小于 4V。

若所测电压不在规定范围内，应更换阳光传感器；若所测电压在规定范围内，则应进行以下检查。

◆ 自动温度控制面板线束连接器是否接触不良。必要时，清理或更换。

◆ 自动温度控制面板是否有故障。必要时，更换。

········□ 项目实施 □········

一、大众宝来轿车空调系统主要部件的拆装

操作一 空调压缩机在车上的拆装

1. 空调压缩机在车上的拆卸（见图 6-7）

步骤一 用空调制冷剂充放机 VAS 6007A 抽吸制冷剂，然后再打开制冷剂循环回路。

步骤二 旋出空调压缩机的螺栓 1，并从空调压缩机上脱开冷凝管。拧紧力矩：22N·m。

步骤三 拆下发动机下方的隔音垫。

步骤四 从压缩机皮带轮上脱开多楔皮带。

步骤五 脱开连接至空调压缩机调节阀 N280 的插头连接。

步骤六 旋出螺栓 2 并取下空调压缩机。

提示

所有已打开的制冷剂循环回路部件必须用合格的密封塞密封，防止水气、杂物的进入。

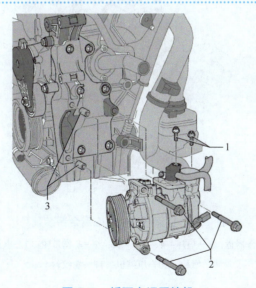

图 6-7　拆下空调压缩机

1、2—螺栓；3—定位套

2. 空调压缩机在车上的安装

安装时按拆卸相反顺序进行。安装时应注意定位套 3 的正确位置。

◆ 安装新的空调压缩机或充入新的制冷剂及冷冻油后，先用手转动空调压缩机多楔带轮十几圈，再将空调压缩机连接到发动机上，之后起动发动机，从而可避免空调压缩机受损。

◆ 在加注制冷剂后首次起动发动机时，要注意下列事项：

在空调压缩机关闭的情况下起动发动机（"ECON"运行模式）并等待直至发动机怠速转速稳定为止；

打开仪表板出风口；

在自动空调操作与显示单元 E87 上选择温度预选"LO"；

打开空调压缩机（运行模式"AUTO"），让它在发动机怠速状态下运行至少5min。

操作二 空调压缩机电磁离合器的检修

空调压缩机电磁离合器装配如图 6-8 所示。

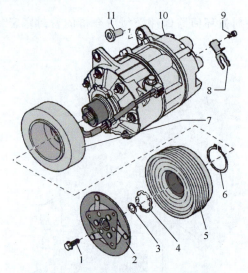

图 6-8　空调压缩机电磁离合器装配

1—六角头螺栓；2—离合器盘；3—垫片；4、6—卡簧；5—多楔带轮；7—电磁线圈；8—线束卡子；

9—螺栓；10—压缩机；11—螺纹衬套

◆ 只维修空调压缩机电磁离合器时，不必拆卸制冷剂管路。

◆ 电磁线圈内带有熔丝，当离合器过热时，切断电磁线圈电路（压缩机停止工作）。

1. 电磁离合器的拆卸

步骤一　断开电磁线圈 N25 的电气插头。

步骤二　拆下压缩机与辅助总成支架的连接螺栓，并将压缩机取下。

步骤三　将压缩机向上提起，并尽可能使离合器盘向上。

步骤四　用拆卸工具 NST-9201 固定离合器盘后，拆下六角头螺栓（见图 6-9）。

步骤五　用两个旋具起出离合器盘；取下调整垫片；用卡簧钳拆下卡簧（见图 6-10）。

步骤六　将通用拉力器 1 装到台肩 2 上，拉出多楔带轮（见图 6-11）。

步骤七　用卡簧钳拆下卡簧。

步骤八　从压缩机和线束卡子上脱开线束。

步骤九　拆下电磁线圈 N25。

2. 电磁离合器的安装

步骤一　将电磁线圈装到压缩机上。

步骤二　将卡簧 3 装在凹槽 1 内（见图 6-12）。

步骤三　其他安装以拆卸倒序进行。

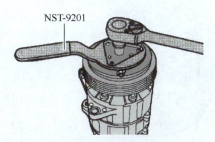

图 6-9　拆下六角头螺栓

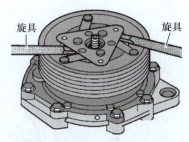

图 6-10　起出离合器盘

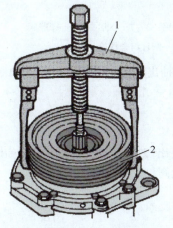

图 6-11　拉出多楔带轮

1—拉力器；2—台肩

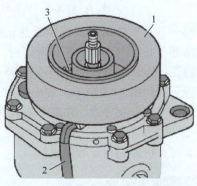

图 6-12　安装空调压缩机电磁线圈

1—凹槽；2—导线；3—卡簧

3. 电磁离合器间隙的检查

检查电磁离合器间隙如图 6-13 所示。

步骤一 确定尺寸一：用深度尺 1 测量多楔带轮 2 到离合器盘 3 的尺寸，注意在 3 个不同位置测量尺寸，尺寸不能有偏差。

步骤二 确定尺寸二：拔下压缩机插头 4，用辅助导线将插头 4 连接到蓄电池上，使电磁离合器吸合，用深度尺 1 测量多楔带轮 2 到离合器盘 3 的尺寸。尺寸一与尺寸二之间的差值即为电磁离合器间隙值。

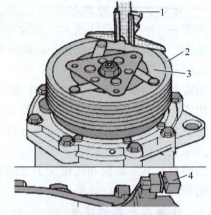

图 6-13　检查电磁离合器间隙

1—深度尺；2—多楔带轮；3—离合器盘；4—插头

操作三 膨胀阀的拆装

膨胀阀将流入的制冷剂雾化并调节流量，使得蒸汽根据热量传递的不同在蒸发器输出端才被汽化。膨胀阀的安装位置如图 6-14 所示。

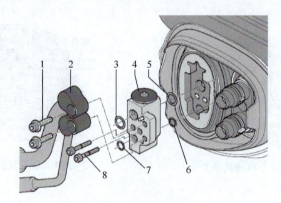

图 6-14　膨胀阀

1—螺栓（拧紧力矩 10N·m，2 个）；2—膨胀阀上的制冷剂管路；3、7—O 形圈；4—膨胀阀；
5、6—O 形圈（安装时用制冷剂油浸润）；8—圆柱组合螺栓

步骤一 首先必须用空调制冷剂充放机 VAS 6007A 抽出制冷剂。所有已打开的制冷剂循环回路部件必须用合适的密封塞密封，防止湿气进入。

步骤二 拆卸加热器的冷却液管。

步骤三 如图 6-15 所示，旋出螺母 1 和螺栓 4。

步骤四 松开夹子 2，并取下隔板 3（见图 6-15）。旋出螺栓 1，并从膨胀阀中拉出制冷剂管路 2（见图 6-14）。旋出螺栓 8（见图 6-14），取下膨胀阀。

安装可按拆卸的相反顺序进行。

操作四 蒸发器的拆装

1. 蒸发器的拆卸

步骤一 拆卸空调暖风装置。

步骤二　分解空调暖风装置。

步骤三　分解蒸发器外壳。

步骤四　从蒸发器外壳下部件中拉出蒸发器 1（见图 6-16）。

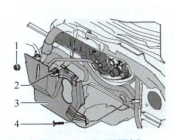

图 6-15　取下隔板

1—螺母；2—夹子；3—隔板；4—螺栓

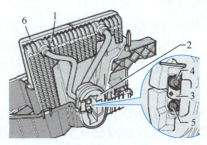

图 6-16　拆卸蒸发器

1—蒸发器；2—密封件 / 隔热件；3—支架；

4、5—制冷剂管路；6—密封件

2. 蒸发器的安装

提示

◆ 在安装蒸发器之前检查冷凝水排放管管口是否被污染，必要时进行清洁。

◆ 清洁蒸发器外壳（必要时，安装蒸发器前清洁蒸发器）。

◆ 安装蒸发器 1 至蒸发器外壳下部件以及蒸发器外壳上部件时，请注意不要损坏密封件 6。

步骤一　安装蒸发器前检查密封件 6（它们必须环形粘贴）。

步骤二　将支架 3 和密封件 / 隔热件 2 安装到蒸发器的制冷剂管路 4 和 5 上。

步骤三　将蒸发器 1 安装到蒸发器壳体下部件中。

提示

◆ 在组装这两个壳体后，通过两个制冷剂管路 4 和 5 检查穿孔处密封件 / 隔热件 2 的位置是否正确。

◆ 检查制冷剂管路 4 和 5 上的支架 3 位置是否正确。

◆ 如果密封件 / 隔热件 2 未安装或者没有正确安装，那么可能会导致空调功率下降（由于热辐射影响，会造成膨胀阀调节特性曲线变化）。

操作五 冷凝器的拆装

提示

- ◆ 制冷剂管路的接口安装在冷凝器右侧。
- ◆ 首先必须用空调制冷剂充放机 VAS 6007A 抽出制冷剂。
- ◆ 所有已打开的制冷剂循环回路部件必须用合适的密封塞密封，防止湿气进入。

步骤一 关闭所有用电器，断开点火开关并拔出点火钥匙。

步骤二 用空调制冷剂充放机 VAS 6007A 抽出制冷剂。

步骤三 拆卸前保险杠盖板。

步骤四 将锁支架置于保养位置。

步骤五 旋出螺钉 1 和 2（见图 6-17），并取下进气口。

步骤六 拆卸散热器 / 冷凝器与支架之间的螺栓（见图 6-18 中箭头）。将散热器 / 冷凝器的上部略微向发动机侧推，以便有足够的空间拆卸冷凝器。

步骤七 如图 6-19 所示，旋出螺栓 1，从冷凝器的接口 4 上取下制冷剂管路 2。密封环 3 必须更换。

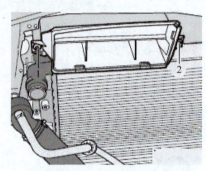

图 6-17　取下进气口

1、2—螺钉

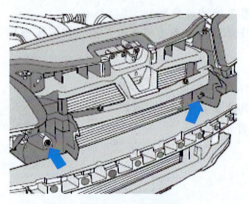

图 6-18　拆卸螺栓

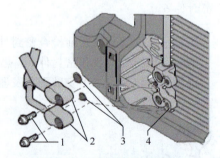

图 6-19　取下制冷剂管路

1—螺栓；2—制冷剂管路；3—密封环；4—接口

步骤八 旋出冷凝器与增压空气冷却器的螺钉（见图 6-20 中箭头）。取出冷凝器。封闭所有的管路接口。

安装可按拆卸的相反顺序进行。

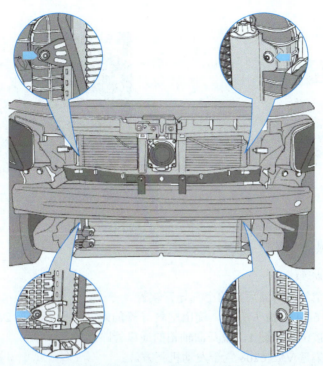

图 6-20　旋出螺钉

操作六 空调滤清器（粉尘及花粉滤清器）的拆装

1. 空调滤清器的拆卸

步骤一　如图 6-21 所示，从空调暖风装置上旋出塑料螺栓 2，并取下隔离板 1。

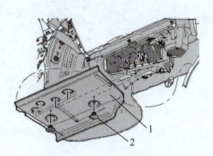

图 6-21　取下隔离板

1—隔离板；2—塑料螺栓

微课视频

空调滤清器的更换
方法

步骤二　如图 6-22 所示，沿箭头方向脱开盖板 1。

步骤三　向下从空调暖风装置中取出空调滤清器。

2. 空调滤清器的安装

安装以拆卸的相反顺序进行。安装时注意空调滤清器的安装位置，按图 6-23 中箭头所示方向安装。

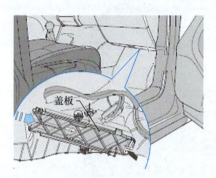

图 6-22　脱开盖板

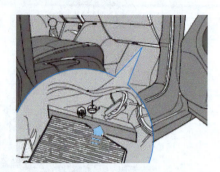

图 6-23　安装方向

操作七 加热器（热交换器）的拆装

1. 加热器的拆卸

步骤一　拆卸空气滤清器后部的空气导管软管。

步骤二　如图 6-24 中箭头所示，旋出空气导管的螺栓。松开卡箍 2，并从涡轮增压器上拔下空气导管。按压解锁键 1，脱开曲轴箱的通风管路。

步骤三　将收集盘 VAS 6208 置于发动机下方。

步骤四　使用直径最大为 40mm 的软管夹 3093 夹住冷却液软管，在图 6-25 所示箭头位置脱开连接加热器的冷却液软管。

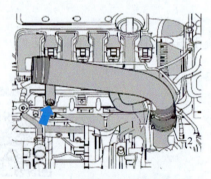

图 6-24　旋出空气导管的螺栓

1—解锁键；2—卡箍

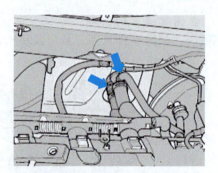

图 6-25　脱开冷却液软管

步骤五　如图 6-26 所示，将一根软管 1 插到加热器的上部接口上。在下面的接口 3 下固定一个容器 2。用气动喷枪小心地将加热器中的冷却液吹入容器 2 中。

步骤六　如图 6-27 所示，略微松开（但不要拧出来）加热器接口之间连接法兰的螺栓（6mm 内六角）。

步骤七　拆卸驾驶员侧脚部空间饰板。

步骤八　拆卸左侧脚部空间出风口。

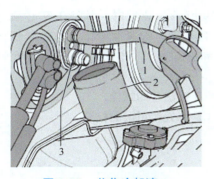
图 6-26　收集冷却液
1—软管；2—容器；3—接口

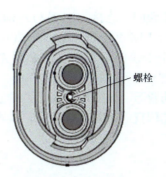
图 6-27　松开加热器接口之间连接法兰的螺栓

步骤八　　如图 6-28 所示，旋出螺栓 1 并取下加热器饰板 2。

步骤十　　用不渗水的薄膜和吸水性较好的纸覆盖加热器下方的地毯。

步骤十一　　如图 6-29 所示，解开软管卡箍，然后从加热器中脱开冷却液管。

步骤十二　　从分配器外壳中取出加热器。

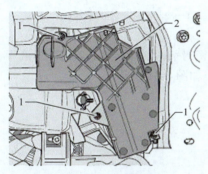
图 6-28　取下加热器饰板
1—螺栓；2—加热器饰板

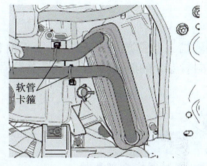
图 6-29　解开软管卡箍

2. 加热器的安装

安装可按拆卸的相反顺序进行，同时必须注意以下几点。

步骤一　　检查加热器上的密封圈，密封圈不能损坏。

提示

◆ 在加热器推入分配器外壳时，安装不当的密封圈会卷起。

◆ 如果密封圈损坏或者没有正确安装，冷空气就会在加热器旁穿流。

步骤二　　将加热器推入分配器外壳中。

步骤三　　如图 6-30 所示，更换密封圈。安装前用冷却液浸润密封圈。

步骤四 连接加热器与冷却液管。如图 6-29 所示，装配时，软管卡箍必须能在冷却液管上略微转动。必须如图 6-29 所示安装软管卡箍。拧紧软管卡箍。拧紧螺栓后检查两个卡箍的位置，它们必须完全覆盖加热器和冷却液管上的法兰，并且不允许碰到其他部件。

步骤五 如图 6-27 所示，拧紧加热器接头之间连接法兰的螺栓。

步骤六 如图 6-31 所示，检查前围板的管套 3 是否处在正确的位置。

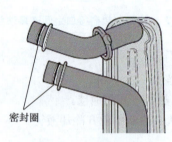

图 6-30　更换密封圈

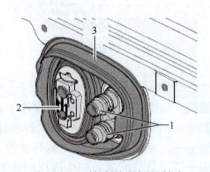

图 6-31　检查前围板的管套

1—冷却液管；2—膨胀阀；3—管套

步骤七 为了防止水气进入，必要时使用硅胶密封剂密封连接加热器的冷却液管 1 的法兰和密封管套 3 的膨胀阀 2（连接至蒸发器）法兰，如图 6-31 所示。

提示

◆ 密封圈应全部更换。

◆ 如果软管卡箍出现变形，就必须更换。

◆ 在更换加热器之后，应更换全部的冷却液。

◆ 检查冷却液循环系统是否密封，并特别注意冷却液管和加热器之间的连接。

二、通用别克凯越轿车空调系统主要部件的拆装

操作一 空调压缩机离合器盘的拆装

空调压缩机的分解如图 6-32 所示。

1. 空调压缩机离合器盘的拆卸

步骤一 从车上拆下压缩机。

步骤二 安装专用工具，如图 6-33 所示。

步骤三 拆卸轴固定螺母。

步骤四 安装专用工具，如图 6-34 所示。

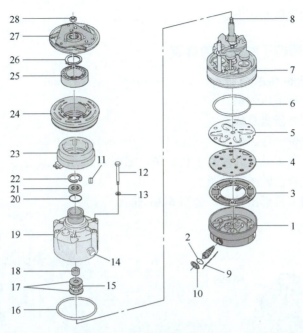

图 6-32　空调压缩机的分解图

1—压缩机后盖；2—控制阀 O 形圈；3—垫子；4—阀板；5—低压阀片；6、16—O 形圈；7—轴和活塞气缸总成；
8—压缩机轴；9—控制阀；10、26—卡环；11—离合器毂键；12—螺钉；13—垫片；14—放油塞；15—轴承；
17—座圈；18—止推垫；19—压缩机壳；20—轴油封 O 形圈；21—轴油封；22—轴油封定位卡环；
23—离合器电磁线圈；24—带盘；25—带轮轴承；27—离合器；28—轴螺母

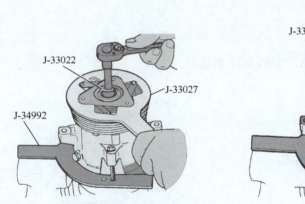

图 6-33　压缩机离合器盘的拆卸（一）

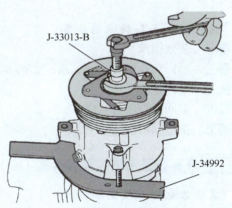

图 6-34　压缩机离合器盘的拆卸（二）

步骤五　拆卸离合器盘。

2. 空调压缩机离合器盘的安装

步骤一　安装定位键，允许定位键高出键槽 3.2mm。

步骤二　安装离合器盘，并用专用工具压到位，离合器盘间隙为 0.38 ～ 0.64mm。

步骤三　安装轴固定螺母，并紧固。紧固力矩：17N·m。

步骤四 把压缩机装回车上。

操作二 离合器转子和轴承的拆装

1. 离合器转子和轴承的拆卸

步骤一 从车上拆下压缩机。

步骤二 拆卸离合器盘总成。

步骤三 拆卸定位卡环。

步骤四 安装专用工具，并使其卡住转子，如图 6-35 所示。

步骤五 拆出离合器转子和轴承。

步骤六 用专用工具拆出轴承，如图 6-36 所示。

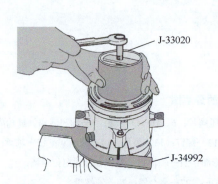

图 6-35　离合器转子和轴承的拆卸

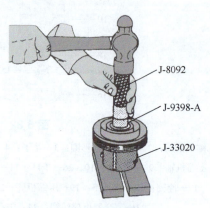

图 6-36　离合器轴承的拆卸

2. 离合器转子和轴承的安装

步骤一 装回轴承。

步骤二 装回离合器转子和轴承，如图 6-37 所示。

步骤三 装回定位卡环。

步骤四 装回离合器盘总成。

步骤五 把压缩机装回车上。

操作三 离合器电磁线圈的拆装

1. 离合器电磁线圈的拆卸

步骤一 从车上拆下压缩机。

步骤二 拆出离合器盘总成。

步骤三 拆出离合器转子和轴承。

步骤四 安装专用工具，如图 6-38 所示。

步骤五 拆出离合器电磁线圈。

2. 离合器电磁线圈的安装

步骤一 用专用工具装回离合器电磁线圈，如图 6-39 所示。

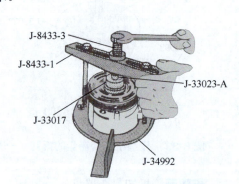

图 6-37　离合器转子和轴承的安装

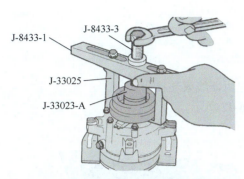

图 6-38　离合器电磁线圈的拆卸

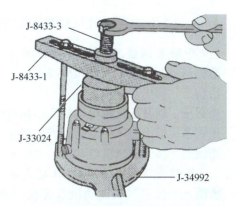

图 6-39　离合器电磁线圈的安装

步骤二　安装离合器转子和轴承。
步骤三　安装离合器盘总成。
步骤四　将压缩机装回车上。

操作四 空调压缩机轴密封圈的更换

1. 空调压缩机轴密封圈的拆卸
步骤一　从车上拆下压缩机。
步骤二　拆出离合器盘总成。
步骤三　顺时针转动专用工具，拆出轴密封圈，如图 6-40 所示。
步骤四　用专用工具拆出 O 形圈，如图 6-41 所示。

图 6-40　轴密封圈的拆卸

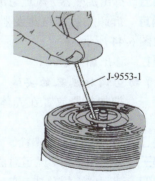

图 6-41　O 形圈的拆卸

2. 空调压缩机轴密封圈的安装
步骤一　用制冷剂润滑油润滑新 O 形圈，并用专用工具装回。
步骤二　用专用工具装回轴密封圈。
步骤三　装回离合器盘总成。
步骤四　将压缩机装回车上。

操作五 手动空调鼓风机电动机的更换

1. 手动空调鼓风机电动机的拆卸

步骤一 断开蓄电池负极连线。

步骤二 拆出杂物箱。

步骤三 断开鼓风机电动机和鼓风机电动机电阻器线束连接。

步骤四 拆出鼓风机电动机固定螺栓，如图 6-42 所示。

步骤五 移开鼓风机电动机，如图 6-43 所示。

2. 手动空调鼓风机电动机的安装

步骤一 把鼓风机电动机放置在合适的位置。

步骤二 紧固鼓风机电动机固定螺栓。

步骤三 装回线束连接。

步骤四 连接蓄电池负极连线。

步骤五 确认鼓风机操作正常。

步骤六 装回杂物箱。

图 6-42　手动空调鼓风机电动机固定螺栓的拆卸

操作六 手动空调加热器的更换

1. 手动空调加热器的拆卸

步骤一 断开蓄电池负极连线。

步骤二 拆出仪表板总成。

步骤三 回收制冷剂。

步骤四 泄放发动机冷却液。

步骤五 拆出加热器 / 风道总成。

步骤六 拆卸加热器与蒸发器壳固定螺栓，如图 6-44 所示。

步骤七 移出加热器。

2. 手动空调加热器的安装

步骤一 把加热器放置在壳体合适的位置。

步骤二 紧固壳体固定螺栓。

步骤三 装回加热器 / 风道总成。

步骤四 装回仪表板总成。

步骤五 加注发动机冷却液和空调制冷剂。

步骤六 连接蓄电池负极连线。

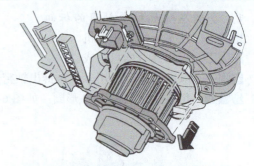

图 6-43　手动空调鼓风机电动机的拆卸

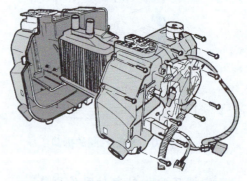

图 6-44　加热器与蒸发器壳的分离拆卸

□ 维修实例 □

宝来轿车出风口有时有冷气，有时又没有冷气。

（1）故障现象：一汽大众宝来轿车，行驶里程为 6.4 万千米。驾驶员说，空调出现间歇性制冷现象，出风口有时有冷气，有时没有冷气，时间长了风口不输送冷气。第二天开启空调，这个现象又重复发生。

（2）故障原因：制冷系统内有水分。

（3）故障诊断与排除：仪表板上空调开关（A/C）灯未闪亮，说明空调系统电路无故障，而且空调压缩机能够运转。压缩机离合器接合、断开迅速，未观察到有打滑现象，可见是制冷循环系统产生故障，应用歧管压力表检测。

用歧管压力表检测，需满足以下条件：

① 发动机预热，并保持转速为 1500r/min；

② 鼓风机开关置于高速挡；

③ 温度控制杆置于最冷位置；

④ 出风口杆置于重复循环位置。

读取歧管压力表高低压力值，低压表显示的数值有时偏低有时正常（低压端正常值为 0.15～0.25MPa），高压表值也是有时正常有时不正常（高压端正常值为 1.37～1.57MPa），这表明制冷系统有水分，需进一步检查空调部件验证。

通过储液干燥器观察窗观察，制冷剂为红色，表明湿度呈过饱和状态。检查膨胀阀，其内部结冰（由低压管道上结霜判断）。

更换干燥剂，反复抽真空，排除系统中的水分，加注制冷剂 R134a 至规定值。试车，故障排除。

小　结

大众宝来轿车和通用别克凯越轿车是社会上保有量很大的车型，技术上有一定的代表性，本项目介绍了这两款车型的空调系统结构与故障诊断，以及空调系统主要部件的拆装方法。

练习思考题

1. 说明大众宝来轿车空调系统的结构特点。

2. 大众宝来轿车自动空调系统故障诊断流程是怎样的？

3. 说出通用别克凯越轿车空调系统零部件的安装位置。

4. 通用别克凯越轿车自动空调系统故障自诊断如何操作？

5. 如何诊断通用别克凯越轿车手动空调鼓风机不工作的故障？

6. 通用别克凯越轿车自动温度控制空调系统无冷气的故障如何诊断？

7. 怎样拆装大众宝来轿车空调滤清器（粉尘及花粉滤清器）？

8. 怎样检查大众宝来轿车电磁离合器间隙？

9. 如何更换通用别克凯越轿车手动空调加热器？

参考文献

[1] 毛峰. 汽车空调 [M]. 北京：中国人民大学出版社，2010.

[2] 凌永成，等. 汽车电气设备 [M]. 2 版. 北京：北京大学出版社，2010.

[3] 杨智勇. 汽车空调系统维修就这么简单 [M]. 北京：机械工业出版社，2015.

[4] 岳江. 汽车电器构造与维修 [M]. 北京：中国水利水电出版社，2010.

[5] 徐向阳. 汽车电器与电子控制技术 [M]. 北京：机械工业出版社，2002.

[6] Wilfried Staudt. 汽车机电技术（一）学习领域 1～4 [M]. 华晨宝马汽车有限公司，译. 北京：机械工业出版社，2008.

[7] 明光星，等. 汽车电器实训教程 [M]. 北京：中国人民大学出版社，2010.

[8] 陈大亨，等. 汽车空调系统维修 [M]. 北京：中国电力出版社，2006.

[9] 林晨. 桑塔纳 2000 轿车维修手册 [M]. 北京：机械工业出版社，2002.

[10] 杨智勇，等. 汽车电气结构与维修 [M]. 北京：化学工业出版社，2014.

[11] 蒋勇. 汽车结构与拆装 [M]. 上海：复旦大学出版社，2007.